Grundriß
des
gesamten deutschen Rechtes
in Einzelausgaben
von
Paul Posener.

9. Band.

Reichszivilprozeß.

Dritte und vierte Auflage.

Berlin 1909.
J. Guttentag, Verlagsbuchhandlung,
G. m. b. H.

A. W. Hayn's Erben, Potsdam.

Inhaltsverzeichnis.

Abkürzungen.

A = Anfechtungsgesetz.
Abs = Absatz.
ALR = allgemeines Landrecht (Preußen).
Ausf- = Ausführungsgesetz zu . . . . .
B = Bürgerliches Gesetzbuch.
Bn = Binnenschiffahrtsgesetz.
Band = Band des Grundrisses.
C = Strafprozeßordnung.
Cod = Codex.
D = Digesten.
E = Eisenbahnverkehrsordnung.
Einf- = Einführungsgesetz zu . . . . .
F = Reichsgesetz über freiwillige Gerichtsbarkeit.
Fl = Flößereigesetz.
G = Gerichtsverfassungsgesetz.
Gb = Ges. betr. die Gesellschaften mit beschränkter Haftung.
Gn = Genossenschaftsgesetz.
Gr = Grundbuchordnung.
Gw = Gewerbeordnung.
H = Handelsgesetzbuch.
J = Institutionen.
JRA = Jüngster Reichsabschied.
K = Konkursordnung.
KG = Entsch. des Kammergerichtes.
MO = Militärstrafgerichtsordnung.
MS = Militärstrafgesetzbuch.
Nr. = Nummer
P = Patentgesetz.
Po = Postgesetz.
pr = preußisch.
R = Reichsverfassung.
RG = Entscheidungen des Reichsgerichtes.
RMG = Entscheidungen des Reichsmilitärgerichtes.
ROLG = Rechtsprechung der Oberlandesgerichte.
S = Strafgesetzbuch.
SC = senatus consultum.

sc. = saeculum.
Ssp = Sachsenspiegel.
Swsp = Schwabenspiegel.
U = Urheberrechtsgesetz.
V = Verfassung.
Vl = Verlagsgesetz.
Vv = Versicherungsvertragsgesetz.
vgl. = vergleiche.
W = Wechselordnung.
w. o. = weiter oben.
w. u. = weiter unten.
Z = Zivilprozeßordnung.
Zg = Zwangsversteigerungsgesetz.

Anfragen und Berichtigungen werden an die Adresse der Verlagsbuchhandlung oder direkt an den Verfasser Assessor Dr. iur. Paul Posener in Charlottenburg 2, Bleibtreustraße 18, erbeten.

§ 1. **Die gesetzlichen Grundlagen** des Prozesses sind in der Zivilprozeßordnung und ihren Nebengesetzen niedergelegt.

I. Der Zivilprozeß ist auf Grund von R 4 Nr. 13 reichsrechtlich geregelt.

Geschichte: römischer Zivilprozess. Band **8** 1—22; deutscher und gemeiner Zivilprozess: Band **8** 22—32, Vorläufer der Zivilprozessordnung: Band **8** 32 und **20** 25.

1. Zivilprozeßordnung nebst Einführungsgesetz vom 30. Januar 1877, in Kraft seit dem 1. Oktober 1879.

2. Gesetz, betreffend Änderungen der Zivilprozeßordnung, vom 17. Mai 1898; vom Reichskanzler wird kraft Ermächtigung durch Bekanntmachung vom 20. Mai 1898 der Text der geltenden Zivilprozeßordnung veröffentlicht, — Einführungsgesetz zu dem Gesetze, betreffend Änderungen der Zivilprozeßordnung vom 17. Mai 1898. Sämtlich in Kraft seit dem 1. Januar 1900.

3. Gesetz, betreffend Änderungen der Zivilprozeßordnung vom 5. Juni 1905, mit dem Tage der Verkündigung in Kraft getreten.

Der Entwurf einer Novelle, welche den Amtsgerichtsprozess regeln soll, ist 1908 veröffentlicht worden; siehe w. u. unter III.

Literatur:

a) Lehrbücher Hellwig, Kohler (bei Holtzendorff), Stein (bei Birkmeyer), Weismann, Kleinfeller, für die Prozessordnung von 1879: Wach (Handbuch, Vorträge), Schmidt (mit Nachtrag).

b) Kommentare: Gaupp-Stein, Petersen-Anger, Struckmann-Koch, Seuffert, Handausgabe von Sydow-Busch.

c) Monographien Kohler (Prozess als Rechtsverhältnis), v. Bülow (prozesshindernde Einreden), Förster (Klage und Einrede), Hellwig (Anspruch und Klagerecht, Wesen und subjektive Begrenzung der Rechtskraft, Klagrecht und Klagmöglichkeit), Stölzel (Schulung für die zivilistische Praxis), Meyer (Anleitung zur Prozesspraxis).

II. Die Legalordnung der Reichszivilprozeßordnung.

Erstes Buch: Allgemeine Bestimmungen. Z 1—252.

Erster Abschnitt: Gerichte. Z 1—49.

1. Titel. Sachliche Zuständigkeit der Gerichte. Z 1—11
2. Titel: Gerichtsstand. Z 12—37.
3. Titel: Vereinbarung über die Zuständigkeit der Gerichte. Z 38—40.
4. Titel. Ausschliessung und Ablehnung der Gerichtspersonen. Z 41 bis 49.

Zweiter Abschnitt. Parteien. Z 50—127.

1. Titel. Parteifähigkeit. Prozessfähigkeit. Z 50—58.
2. Titel. Streitgenossenschaft. Z 59—63.

3. Titel Beteiligung Dritter am Rechtsstreite. Z 64—77
4. Titel Prosessbevollmächtigte und Beistände. Z 78—90.
5. Titel Prozesskosten. Z 91—107
6. Titel Sicherheitsleistung Z 108—113.
7. Titel Armenrecht. Z 114—127

Dritter Abschnitt: Verfahren. Z 128—252.

1. Titel Mündliche Verhandlung. Z 128—165.
2. Titel Zustellungen. Z. 166 - 213

I. Zustellungen auf Betreiben der Parteien. Z 166—207.
II. Zustellungen von Amts wegen. Z 208—213.

3. Titel Ladungen, Termine und Fristen. Z 214—229.
4. Titel Folgen der Versäumung Wiedereinsetzung in den vorigen Stand. Z 230—238.
5. Titel Unterbrechung und Aussetzung des Verfahrens. Z 239—252.

Zweites Buch. Verfahren in erster Instanz. Z 253—510.

Erster Abschnitt: Verfahren vor den Landgerichten. Z 253—494.

1. Titel Verfahren bis zum Urteil. Z 253—299.
2. Titel Urteil. Z 300—329.
3. Titel Versäumnisurteil. Z 330—347.
4. Titel Vorbereitendes Verfahren in Rechnungssachen, Auseinandersetzungen und ähnlichen Prozessen. Z 348—354.
5. Titel Allgemeine Bestimmungen über die Beweisaufnahme. Z 355 bis 370.
6. Titel Beweis durch Augenschein. Z 371—372.
7. Titel Zeugenbeweis. Z 373—401.
8. Titel Beweis durch Sachverständige. Z 402—414.
9. Titel Beweis durch Urkunden. Z 415—444.
10. Titel Beweis durch Eid Z 445—477
11. Titel Verfahren bei der Abnahme von Eiden. Z 478—484.
12. Titel Sicherung des Beweises. Z 485—494

Zweiter Abschnitt: Verfahren vor den Amtsgerichten Z 495—510.

Drittes Buch. Rechtsmittel. Z 511—577.

Erster Abschnitt: Berufung. Z 511—544.

Zweiter Abschnitt: Revision. Z 545—566.

Dritter Abschnitt: Beschwerde. Z 567—577.

Viertes Buch. Wiederaufnahme des Verfahrens. Z 578—591

Fünftes Buch. Urkunden- und Wechselprozeß. Z 592—605.

Sechstes Buch. Ehesachen. Feststellung des Rechtsverhältnisses zwischen Eltern und Kindern. Entmündigungssachen Z 606—687

Erster Abschnitt. Verfahren in Ehesachen. Z 606—639.

Zweiter Abschnitt: Verfahren in Rechtsstreitigkeiten, welche die Feststellung des Rechtsverhältnisses zwischen Eltern und Kindern zum Gegenstande haben. Z 640—644.

Dritter Abschnitt: Verfahren in Entmündigungssachen. Z 645—687.

Siebentes Buch. Mahnverfahren. Z 688—703.

Achtes Buch. Zwangsvollstreckung. Z 704—945.

Erster Abschnitt: Allgemeine Bestimmungen. Z 704—802.

Zweiter Abschnitt Zwangsvollstreckung wegen Geldforderungen. Z 803—882.

1. Titel Zwangsvollstreckung in das bewegliche Vermögen. Z 803 bis 863.

I. Allgemeine Bestimmungen. Z 803—807.

II. Zwangsvollstreckung in körperliche Sachen. Z 808—827.

III. Zwangsvollstreckung in Forderungen und andere Vermögensrechte. Z 828—863.

2. Titel Zwangsvollstreckung in das unbewegliche Vermögen. Z 864 bis 871.

3. Titel · Verteilungsverfahren. Z 872—882.

Dritter Abschnitt: Zwangsvollstreckung zur Erwirkung der Herausgabe von Sachen und zur Erwirkung von Handlungen oder Unterlassungen. Z 883—898.

Vierter Abschnitt: Offenbarungseid und Haft. Z 899—915.

Fünfter Abschnitt: Arrest und einstweilige Verfügungen. Z 916 bis 945.

Neuntes Buch. Aufgebotsverfahren. Z 946—1024.

Zehntes Buch. Schiedsrichterliches Verfahren. Z 1025—1048.

III. Das Gesetz betr. Änderungen des G, der Z, des Gerichtskostengesetzes und der Gebührenordnung für Rechtsanwälte vom 1. Juni 1909 tritt am 1. April 1910 in Kraft.

Die wichtigsten Bestimmungen der Novelle

A. Gerichtsverfassung:

I. Die Zuständigkeit der Amtsgerichte in vermögensrechtlichen Streitigkeiten wird auf 600 Mk. erhöht.

II. Richter der Landgerichte können zugleich Amtsrichter im Bezirke des Landgerichtes sein. Die Zuständigkeit der Kammern für Handelssachen ist in einzelnen Punkten (redaktionell) geändert.

III. Zu den Feriensachen gehören auch Ansprüche aus dem ausserehelichen Beischlafe. In Amtsgerichtssachen wird primär jede Sache auf Antrag als Feriensache bezeichnet, kommt es jedoch im Termine zu kontradiktorischer Verhandlung, so ist der Ferienbeschluss aufzuheben, sofern die Sache nicht besonderer Beschleunigung bedarf. Für das Kostenfestsetzungsverfahren bestehen Ferien nicht.

B. Zivilprozess:

I. Die Kostenfestsetzung erfolgt (auf Grund eines vollstreckbaren Titels) durch den Gerichtsschreiber, welcher seine Entscheidung über das Festsetzungsgesuch der Parteien von Amts wegen zustellt. — Gegen seine Entscheidung sind binnen einer Notfrist von 2 Wochen Erinnerungen zugelassen, über welche das Gericht entscheidet; Z 103—106.

II. Winkelkonsulenten, welche nicht als solche auftreten, sondern als Zessionare geschäftsmässig das mündliche Verhandeln betreiben, können, wenn nach der Überzeugung des Gerichtes die Abtretung nur zwecks Meidung der Zurückweisung erfolgt ist, zurückgewiesen werden. — Prozessagenten sollen an Gerichten, wo für Vertretung durch Anwälte gesorgt ist, nicht zugelassen werden, Z 157.

III. Die Wiedereinsetzung ist vereinfacht, Z 235—238.

IV Die Verlesung der Anträge, Z 297, kann durch Bezugnahme auf Schriftsätze ersetzt werden, wenn das Gericht dies für ausreichend hält.

V. Bei Versäumnis- oder Anerkenntnisurteilen kann das Urteil (ohne Rubrum, Tatbestand, Gründe) auf die Klageschrift gesetzt werden; auch die Ausfertigung wird in ähnlicher Weise erteilt.

VI. Der Einspruch wird durch Einreichung der Einspruchsschrift beim Gerichte eingelegt, dieser Schriftsatz soll zugleich die Verhandlung vorbereiten. Der Einspruchstermin wird von Amts wegen bestimmt und bekanntgemacht.

VII. Der Zeuge wird nachträglich beeidet.

1*

VIII. Die Eidesleistung, Z 481, geschieht durch Vorsprechen des Richters und durch Aussprechen der Worte: „Ich schwöre es, so wahr mir Gott helfe!" seitens des Schwurpflichtigen.

IX. Das amtsgerichtliche Verfahren ist vollständig vereinfacht worden.

1. Die Zustellungen erfolgen grundsätzlich von Amts wegen. Die Urteile werden, falls die Partei nichts anderes beantragt, ohne Tatbestand und ohne Gründe ausgefertigt.

2. Keine Parteiladung. — Termine von Amts wegen bestimmt, Ladung der Partei durch den Gerichtsschreiber

3. Vorbereitung der Sache durch das Gericht schon vor der mündlichen Verhandlung.

X. Die Berufung wird durch Einreichung der Berufungsschrift beim Berufungsgerichte eingelegt. Der Berufungstermin wird von Amts wegen bestimmt und bekanntgemacht.

XI. Das Mahnverfahren ist vereinfacht worden. Die Zustellung des Zahlungsbefehls erfolgt von Amts wegen. Die Sache bleibt beim Amtsgerichte (trotz landgerichtlicher Kompetenz) anhängig, wenn nicht eine Partei vor der Verhandlung zur Hauptsache darauf anträgt, dass das Amtsgericht sich für unzuständig erkläre und den Rechtsstreit an das Landgericht verweise.

§ 2. Prozeß ist ein rechtlich geordnetes Verfahren zur Erreichung eines bestimmten rechtlichen Zweckes.

I. Zivilprozeß ist das rechtlich geordnete Verfahren zur Wahrung bzw. Verwirklichung der durch das bürgerliche Recht geschützten Interessen mittels einer Tätigkeit bestimmter Staatsorgane.

1. Der Zivilprozeß dient privatrechtlichen Interessen; der Strafprozeß bezweckt die Durchführung des staatlichen Strafanspruches; siehe Band 16.

2. Der Zivilprozeß im engeren Sinne ist das Verfahren in Sachen der streitigen Gerichtsbarkeit

a) Streitig ist die Gerichtsbarkeit dann, wenn das Interesse des einen gegenüber dem eines anderen zu wahren ist, so daß entweder bereits ein Widerspruch erfolgt ist oder aber darauf zu rechnen ist.

b) Freiwillig ist die Gerichtsbarkeit, wenn kein Streit vorhanden ist, und wenn das Gericht bei der Gestaltung von Rechtsverhältnissen mitwirkt; allerdings besteht auch hier eine Entscheidung und ein Zwang durch das Gericht. Ueber die Angelegenheiten der freiwilligen Gerichtsbarkeit siehe Band 10 35.

Der Gegensatz zeigt sich namentlich bei der weiteren Beschwerde 1. die weitere Beschwerde nach Z 568 ist zulässig, wenn ein neuer selbständiger Beschwerdegrund vorliegt (also rechtlich und tatsächlich), — 2. die weitere Beschwerde nach F 27 ist zulässig, wenn die Entscheidung auf einer Verletzung des Gesetzes beruht (sie hat also Revisionscharakter).

II. Gegenstand des Prozesses ist die Feststellung oder die Gestaltung eines Privatrechtes.

1 Der Prozeß beruht auf dem Rechtsverhältnisse, welches durch die Klageerhebung zwischen den Parteien begründet worden ist.

Die hier vertretene Ansicht, dass der Prozess ein Rechtsverhältnis der Parteien zum Ausgangspunkte habe, wird in der Praxis allgemein geteilt; ähnlich Kohler, Weismann.

Dagegen lehrt die Rechtsschutzanspruchtheorie von **Hellwig**, **Stein**, **Langheineken**, **Schmidt** folgendes:

1. Klagmöglichkeit: die gerichtliche Zulassung der Klage wird schon durch Aufstellung der Rechtsbehauptung erlangt.

2. Rechtsschutzanspruch ist das gegen den Staat gerichtete und durch gehöriges Verlangen geltend gemachte prozessuale Recht auf Entfaltung staatlicher Entscheidungs- oder Zwangsgewalt zugunsten des Rechtsschutzberechtigten.

Erscheinungsformen des Rechtsschutzanspruches:

a) Klagrecht, in drei Formen:
α) auf Verurteilung,
β) auf blosse Feststellung,
γ) auf Rechtsänderung;
b) Vollstreckungsrecht;
c) Arrestrecht (Recht auf Rechtssicherung).

Wach lehrt, dass der Rechtsschutzanspruch sich gegen den Staat und gegen den Beklagten richte.

§ 3. Zivilprozeßmaxime ist ein allgemeiner wesentlicher Grundsatz, welcher der Gestaltung des Verfahrens zugrunde liegt.

I. Reinerhaltung des richterlichen Amtes: nemo iudex sine actore; wo kein Kläger, da kein Richter.

1. Parteibetrieb: die Einleitung des Verfahrens und seine Fortführung ist Sache der Partei; nur die Partei, nicht der Staat, hat das Recht der Initiative.

Im öffentlichen Interesse findet jedoch Offizialbetrieb statt, z. B. Z 625 (Zustellung von Urteilen, die auf Nichtigkeit oder Scheidung einer Ehe lauten, findet von Amts wegen statt), ferner die Mitwirkung des Staatsanwalts in Familiensachen; Z 553a, Abs. 2: Zustellung der eingereichten Revisionsschrift an den Gegner erfolgt von Amts wegen.

2. Die Sammlung des Prozeßstoffes ist Sache der Partei; Grundsätze: beiderseitiges Gehör und Verhandlungsmaxime.

a) Beiderseitiges Gehör: die Entscheidungen können nicht auf einseitiges Vorbringen der einen Partei zuungunsten der anderen ergehen, vielmehr ist dem Gegner Gelegenheit zu vorheriger Anhörung zu gewähren; eine Verhandlung, in der beide Parteien miteinander gestritten haben, heißt kontradiktorische Verhandlung: audiatur et altera pars; eines Mannes Rede, keines Mannes Rede, man soll sie billig hören beede.

Dagegen ist einseitiges Gehör bei der Zwangsvollstreckung die Regel.

b) Verhandlungsmaxime (Dispositionsmaxime): nur die Partei, nicht das Gericht, schafft die Urteilsgrundlage; das Gericht ist bei seiner Entscheidung an die Vorträge und Sachanträge der Parteien gebunden.

Gegensatz: Untersuchungsmaxime (Offizial-, Inquisitionsmaxime), bei der das Gericht von Amts wegen die Urteilsgrundlagen feststellen kann; in Ehesachen, Z 622 und 653, ist dies zugelassen; ferner Z 144, 475.

Ein wichtiger Fall der Anwendung der Offizialmaxime: das Gericht hat den Mangel der Parteifähigkeit, der Prozessfähigkeit, der Legitimation eines gesetzlicher Vertreters und der erforderlichen Ermächtigung zur Prozessführung von Amts wegen zu berücksichtigen.

Beispiel: bei der Klage einer offenen Handelsgesellschaft ist ein Registerauszug zu verlangen.

1. Prozessvollmacht des Rechtsanwalts wird im Anwaltsprozesse nicht ex officio, sondern nur auf Rüge geprüft; daher kann jeder bei dem betr Gerichte zugelassene Anwalt ohne weiteres für den anderen auftreten

Dagegen ist sie vorzulegen: in Ehesachen und ferner, soweit Anwaltszwang nicht besteht, z. B. im Amtsgerichtsprozesse, bei Kostenfestsetzungsanträgen, in der Zwangsvollstreckung.

2. Bei Gefahr im Verzuge: Z 56_2. — Beispiel: Antrag auf Erlassung des Versäumnisurteiles, obwohl Vollmacht fehlt; der Richter kann Publikationstermin bestimmen, damit der Kläger inzwischen die Vollmacht nachreicht.

α) Vorträge sind die Tatsachen und Beweismittel, auf welche die verhandelnden Parteien sich berufen. Sachanträge sind die von der Partei formulierten Begrenzungen ihres Begehrens; das Gericht ist nicht befugt, der Partei etwas zuzusprechen, was sie nicht beantragt hat, insbesondere nicht Nebenforderungen, z. B. Zinsen.

β) Inhalt der Verhandlungsmaxime bilden folgende beiden Sätze

aa) ne eat iudex ultra petita partium; jedoch ausnahmsweise ist von Amts wegen über die Kosten, Z 308, und bei der vorläufigen Vollstreckbarkeit gemäß Z 708 (Band 10 3) zu erkennen.

bb) iudex iudicet secundum allegata et probata partium: was die Partei als wahr anerkennt, ist wahr (formelle oder relative Wahrheit); so insbesondere beim Geständnisse und bei verzichtbaren Mängeln.

c) Instruktionsmaxime: der Richter soll durch Ausübung des richterlichen Fragerechtes auf Aufklärung (und beim Amtsgerichte: auf Stellung sachdienlicher Anträge) hinwirken; Z 139, 455, 503, 507.

II. Die Formen der Parteitätigkeit sind Mündlichkeit und Schriftlichkeit.

1. Schriftlichkeit ist im gemeinen Prozesse erfordert worden; quod non est in actis, non est in mundo.

2. Mündlichkeit beherrscht das Verfahren der Z; der Akteninhalt (Schriftsätze) gilt nur, wenn er mündlich vorgetragen wird: quod non est actum (verhandelt), non est in mundo. Die vorbereitenden Schriftsätze kündigen an, was die Partei vorbringen will; Z 128.

III. Unmittelbarkeit ist der Grundsatz, daß das Verfahren vor dem Prozeßgerichte selbst in allen seinen Stadien sich abspielt; so Z 355 für die Beweisaufnahme.

Dagegen ist vereinzelt Mittelbarkeit zugelassen, so beim Verfahren vor dem ersuchten und beauftragten Richter.

IV. Die Behandlung des Beweises erfolgt nach der Z in geistig freier Weise.

Die Verteilung der Beweislast erfolgt nach den Vorschriften des bürgerlichen Rechtes, siehe w u. Seite 32.

1. Es gilt freie Beweiswürdigung; Z 286_1: das Gericht hat unter Berücksichtigung des gesamten Inhaltes der Verhandlungen und des Ergebnisses einer etwaigen Beweisaufnahme nach freier Ueberzeugung zu entscheiden, ob eine tatsächliche Behauptung für wahr oder für nicht wahr zu erachten sei.

Die Würdigung des Beweises erfolgte im gemeinen Prozesse nach der gesetzlichen Beweistheorie voller Beweis wird durch zwei testes classici erbracht, halber Beweis durch einen Zeugen usw.

2. Modifikation durch Z 286_2: an gesetzliche Beweisregeln ist das Gericht nur in den durch die Z bezeichneten Fällen gebunden.

Beispiele von Beweisregeln für Urkunden Z 415, Eid Z 463, Sitzungsprotokoll Z 164, Urteilstatbestand Z 314, Geständnis Z 288.

3. Beweisverbindung ist der Grundsatz, daß die Antretung und Aufnahme von Beweisen nicht in besonderem Verfahren erfolgt, sondern mit der Behauptung verbunden wird oder in der mündlichen Verhandlung geschieht.

a) Grenze. bis zum Schlusse der mündlichen Verhandlung zweiter Instanz können Beweismittel vorgebracht werden; Z 283, 529.

b) Nachteile des verspäteten Vorbringens können sein: Auferlegung der Kosten, Z 283_2, und Zurückweisung, Z 374, 433.

V. Einheitlichkeit der mündlichen Verhandlung ist der Grundsatz, daß die Partei bis zum Schlusse der mündlichen Verhandlung vor dem Berufungsgerichte neue Tatsachen und Beweismittel vorbringen kann.

1 Arbiträre Reihenfolge: die Partei kann den Prozeßstoff, nach Belieben geordnet, vorbringen.

Es gibt kein Dezäsierungsprinzip wie im gemeinen Prozesse (Band S 30), bei dieser Zäsur hörte mit Schluss eines Prozessabschnittes die Befassung des Gerichtes mit diesem Teile des Verfahrens auf.

2. Einlassungszwang ist der gegen die Partei gerichtete Zwang, beim Verfahren mitzuwirken.

3. Präklusionssystem ist eine Normierung, die den Fortgang des Verfahrens durch Ausschluß der untätigen Partei mit den vernachlässigten Prozeßhandlungen sichert.

a) Eine sukzessive Präklusion ist die Eventualmaxime, die eine bestimmte Reihenfolge der Prozeßhandlungen voraussetzt; jede Partei hat bis zu einem bestimmten Abschnitte des Verfahrens alles ihr zu Gebote Stehende in omnem eventum vorzubringen.

b) Fälle der Eventualmaxime im geltenden Rechte: bei prozeßhindernden Einreden Z 274_1, beim Verfahren in Rechnungssachen Z 354, für die Revisionsgründe Z 554 a, für die Zwangsvollstreckungsgegenklage Z 767, für die Scheidungsgründe B 1572, 1573, Z 616.

VI. Oeffentlichkeit und Heimlichkeit.

1. Grundsätzlich sind die Verhandlungen und Beweisaufnahmen der erkennenden Gerichte öffentlich; Ausschluß der Oeffentlichkeit siehe Band 8 47.

Dagegen sind geheim die Beratungen des erkennenden Gerichtes; nicht öffentlich, aber den Parteien zugänglich sind die Verhandlungen vor dem ersuchten oder beauftragten Richter

2. Parteiöffentlichkeit die Parteien haben das Recht, allen Teilen des Verfahrens, mit Ausnahme der Beratungen, beizuwohnen. Die Parteien können ferner die Prozeßakten einsehen und Abschriften erbitten.

Dritten Personen, z. B. der um Aktenübersendung ersuchenden Staatsanwaltschaft, kann der Vorstand des Gerichtes (nicht etwa: der Vorsitzende) ohne Einwilligung der Parteien die Einsicht der Akten nur gestatten, wenn ein rechtliches Interesse glaubhaft gemacht wird, Z 299.

VII Entgeltlichkeit und Unentgeltlichkeit.

1 Der moderne Prozeß ist entgeltlich; siehe Band 27 20.

2. Modifikation der Entgeltlichkeit durch Bewilligung des Armenrechtes.

1. Kapitel.

Die Voraussetzungen des Prozesses.

§ 4. **Zuständigkeit** ist das Recht und die Pflicht des Gerichtes, in einer bestimmten Sache sich zu betätigen, sie kann sachlich und örtlich bestimmt werden.

I. Die sachliche Zuständigkeit (Kompetenz) bestimmt, ob eine bürgerliche Rechtsstreitigkeit erster Instanz vor ein Amtsgericht oder vor ein Landgericht gehört; Z 1–11.

1. Die Regelung der sachlichen Zuständigkeit ist im G erfolgt, weil diese Normen für Z, C und K gleichmäßig Bedeutung haben, siehe Band 8 38—45.

2. Der Wert des Streitgegenstandes, wie er im Augenblicke der Klageerhebung sich zeigt, wird vom Gerichte nach freiem Ermessen festgesetzt. Nebenforderungen, also Früchte, Nutzungen, Zinsen, Schäden, Kosten, Wechselspesen, bleiben hierbei unberücksichtigt, Z 4.

3. Das Urteil eines Landgerichtes kann nicht aus dem Grunde angefochten werden, weil die Zuständigkeit des Amtsgerichtes begründet gewesen sei.

4. Hat sich ein Gericht rechtskräftig für sachlich unzuständig erklärt, so ist diese Entscheidung für das Gericht bindend, bei dem die Sache später anhängig wird.

II. Oertliche Zuständigkeit ist die Zuweisung eines Prozesses vor ein erstinstanzliches Gericht, z. B. Amtsgericht in Breslau, Landgericht in Duisburg. Gerichtsstand, forum, ist einer der in Z 12—37 bezeichneten Gründe, durch den ein Prozeß einem örtlich bestimmten Gerichte zugewiesen wird.

Man unterscheidet:

1 allgemeine (persönliche): für alle Klagen gegen eine Person, gleichviel welcher Art, sofern nicht für eine Klage ein ausschließlicher Gerichtsstand begründet ist;

2. besondere (sachliche): die auf einer Eigenschaft der Klage oder einer Beziehung des Streitgegenstandes beruhen,

3. ausschließliche (sachliche oder örtliche): die Klage darf nur vor dem ausschließlich zuständigen Gerichte erhoben werden; eine abweichende Parteivereinbarung ist nicht zulässig.

III. actor forum rei sequitur: der Kläger hat den Beklagten in dessen Forum zu belangen; unter mehreren zuständigen Gerichten hat der Kläger die Wahl.

§ 5. **Die Gerichtsstände** werden in der Z wie folgt aufgezählt:

I. Allgemeine Gerichtsstände der Z 13—19 sind:

1 Der Gerichtsstand des Wohnsitzes, forum domicilii, der Wohnsitz bestimmt sich nach den Vorschriften des B, siehe Band 1 2.

2. Der Gerichtsstand des Aufenthaltsortes für solche Personen, die keinen Wohnsitz, aber einen deutschen Aufenthaltsort haben.

3. Der Gerichtsstand des letzten Wohnsitzes für solche Personen, deren Wohnsitz oder Aufenthaltsort nicht bekannt ist.

4. Der Gerichtsstand des Sitzes der Verwaltung für Gemeinden, Korporationen und der passiv parteifähigen Gesellschaften, Vereine und Vermögensmassen, für Behörden, die als solche verklagt werden können, der Amtssitz; für den Fiskus: der Sitz der ihn vertretenden Behörde.

II Besondere Gerichtsstände der Z 20—34 sind:

1. Der Gerichtsstand des Berufsaufenthaltes wegen vermögensrechtlicher Ansprüche: für Personen, die an einem Orte unter Verhältnissen, die ihrer Natur nach auf einen Aufenthalt von längerer Dauer hinweisen, sich aufhalten; z. B. Dienstboten, Fabrikarbeiter, Gewerbegehilfen, Studenten, Einjährigfreiwillige, Schüler, Lehrlinge.

2 Der Gerichtsstand der Niederlassung, von der aus unmittelbar Geschäfte geschlossen werden: für alle Klagen, die auf den Geschäftsbetrieb der Niederlassung Bezug haben.

3. Der Gerichtsstand des Sitzes der Verwaltung von Gemeinden, Korporationen, Gesellschaften und Vereinen: für Klagen gegen Mitglieder als solche und von Mitgliedern untereinander.

4. Der Gerichtsstand des Vermögens (entsprechend dem forum arresti, aber nicht gleichbedeutend damit) für Personen, die im Deutschen Reiche keinen Wohnsitz haben: wegen vermögensrechtlicher Ansprüche; die Zuständigkeit ist überall da begründet, wo Vermögen des Beklagten, gleichviel, ob es zur Zwangsvollstreckung ausreicht oder nicht, sich findet.

5. Der Gerichtsstand der belegenen Sache (forum rei sitae) ist ein ausschließlicher besonderer Gerichtsstand für Immobiliarklagen, durch die das Eigentum, eine dingliche Belastung oder die Freiheit von einer solchen geltend gemacht wird, ferner für Grenzscheidungs-, Teilungs- und Besitzklagen, Z 24.

Ausserdem ist der dingliche Gerichtsstand für persönliche Klagen gegen den Eigentümer, aber nicht als ausschliesslicher, gegeben, Z 25, 26.

6. Der Gerichtsstand der Erbschaft Z 27, 28.

7 Der Gerichtsstand des Erfüllungsortes bei Verträgen, Z 29; dagegen früher: forum contractus (Abschlußort).

8. Der Gerichtsstand des Meß- und Marktortes, forum nundinarum, Z 30, ist ein Gerichtsstand des Vertragsortes.

9. Der Gerichtsstand der geführten Verwaltung, forum gestae

administrationis, für Klagen zwischen dem Geschäftsherrn und dem Verwalter.

10. Der Gerichtsstand der unerlaubten Handlung, forum delicti commissi.

11. Der Gerichtsstand der Widerklage, forum reconventionis, wenn der (mittels Widerklage erhobene) Gegenanspruch mit dem Klageanspruche oder mit den gegen ihn vorgebrachten Verteidigungsmitteln zusammenhängt.

12. Der Gerichtsstand des Hauptprozesses, forum connexitatis, für Klagen der Prozeßbevollmächtigten, Beistände, Zustellungsbevollmächtigten und Gerichtsvollzieher wegen Gebühren und Auslagen.

§ 6. Die Bestimmung des zuständigen Gerichtes, forum destinationis, erfolgt durch das im Instanzwege zunächst höhere Gericht in folgenden Fällen:

1. wenn das zuständige Gericht, z. B. ein mit nur einem Amtsrichter besetztes Amtsgericht, im Einzelfalle an der Ausübung des Richteramtes rechtlich oder tatsächlich verhindert ist;

2. wenn die Zuständigkeit wegen der Grenzen verschiedener Gerichtsbezirke ungewiß ist;

3. wenn mehrere Streitgenossen im allgemeinen Gerichtsstande verklagt werden sollen, dieser aber für sie bei verschiedenen Gerichten besteht, ohne daß ein gemeinschaftlicher besonderer Gerichtsstand begründet ist;

Eine solche besondere Bestimmung besteht für die Klage gegen mehrere Wechselverpflichtete.

4. beim dinglichen Gerichtsstande, wenn die Sache in verschiedenen Gerichtsbezirken liegt;

5. wenn in einem Prozesse mehrere Gerichte rechtskräftig sich für zuständig oder für unzuständig erklärt haben.

§ 7. Vereinbarung der Zuständigkeit der Gerichte, prorogatio fori, ist für die sachliche und für die örtliche Zuständigkeit möglich, Z 38—40.

I. Ein an sich unzuständiges erstinstanzliches Gericht wird durch ausdrückliche oder stillschweigende Vereinbarung der Parteien zuständig.

1. praesumtio iuris et de iure: eine stillschweigende Vereinbarung ist anzunehmen, wenn der Beklagte, ohne die Unzuständigkeit geltend zu machen, zur Hauptsache mündlich verhandelt hat.

2. Nach der in der Praxis herrschenden Vereinbarungstheorie (Stein, Birkmeyer, Weismann, Reichsgericht) gilt das Ausbleiben oder Nichtverhandeln nicht als stillschweigende Vereinbarung, daher muß beim Antrage auf Versäumnisurteil die Zuständigkeit geprüft werden.

Nach der Präklusionstheorie (Wach, Fitting) reicht das Verschweigen der Einrede der Unzuständigkeit aus, so dass also im Falle des Ausbleibens Prorogation angenommen wird.

II. Voraussetzungen der Prorogation: die Vereinbarung ist statthaft mit Bezug auf ein Gericht erster Instanz, für ein bestimmtes Rechtsverhältnis und die aus ihm entspringenden Rechtsstreitigkeiten, für vermögensrechtliche Ansprüche, wenn eine ausschließliche (sachliche oder örtliche) Zuständigkeit nicht begründet ist.

§ 8. Behinderung der Gerichtspersonen kann infolge von Ausschließungsgründen oder wegen Besorgnis der Befangenheit eintreten, Z 41—49.

I. Ein Richter ist von der Ausübung des Richteramtes kraft Gesetzes ausgeschlossen, wenn es sich um Sachen handelt:

1 in denen er selbst Partei oder mitberechtigt, mitverpflichtet, regreßpflichtig ist;

2. in denen seine jetzige oder frühere Ehefrau beteiligt ist,

3. in denen seine Verwandten gerader Linie, seine Seitenverwandten bis zum dritten Grade, seine Verschwägerten gerader Linie oder in der Seitenlinie Verschwägerte bis zum zweiten Grade, beteiligt sind,

4. in denen er selbst gesetzlicher Vertreter gewesen ist oder hätte sein können;

5. in denen er Prozeßbevollmächtigter oder Beistand gewesen ist;

6. in denen er als Zeuge oder Sachverständiger vernommen ist;

7. in denen er bereits in früherer Instanz oder im schiedsrichterlichen Verfahren bei der Erlassung der angefochtenen Entscheidung mitgewirkt hat (abgesehen von einer eventuellen Tätigkeit als ersuchter oder beauftragter Richter)

In diesen Fällen muss der Richter sich von selbst enthalten, auch ohne Ablehnung, sonst ist die Nichtigkeitsklage begründet, vgl. w. u. S. 45.

II Die Ablehnung eines Richters kann durch Ablehnungsgesuch der Partei bei dem Gerichte, dem der Richter angehört, in zwei Fällen erfolgen:

1. wenn die gesetzlichen Ausschließungsgründe vorliegen,

2. wegen Besorgnis der Befangenheit, z. B. wegen Freundschaft, Feindschaft, entfernter Verwandtschaft, Verlöbnis mit einer Partei, vorheriger Erteilung eines Rates in derselben Sache.

Glaubhaftmachung des Gesuches erfolgt ev. durch Zeugnis des abgelehnten Richters; der Richter muß sich dienstlich äußern; eine eidesstattliche Versicherung zwecks Glaubhaftmachung ist ausgeschlossen.

Die Entscheidung über das Gesuch erfolgt durch Beschluß; wird das Gesuch für begründet erklärt, dann besteht kein Rechtsmittel; sonst: sofortige Beschwerde.

Verlust des Ablehnungsrechtes tritt ein, wenn die Partei, ohne den ihr bekannten Ablehnungsgrund geltend zu machen, bei dem iudex suspectus in eine Verhandlung sich eingelassen oder Anträge gestellt hat

III. Für die Ausschließung und Ablehnung von Gerichtsschreibern gelten dieselben Vorschriften.

§ 9. **Der Parteibegriff.** Parteien sind diejenigen, die in einer bürgerlichen Rechtsstreitigkeit als Gegner sich gegenüberstehen; die Vertreter der Partei gelten nicht als Partei.

I. Partei und materielles Recht: gewöhnlich ist die Partei Träger des materiellen Rechtes; Partei kann aber auch ein nichtberechtigter Interessent (z. B. bei Ehenichtigkeit) oder ein Nichtinteressierter (z. B. Testamentsvollstrecker, Konkursverwalter) sein.

II. Bezeichnungen der Parteien.

1. bei der Klage heißen sie Kläger und Beklagter;

2. beim Mahnverfahren und in der Zwangsvollstreckung. Gläubiger und Schuldner,

3. in anderen Verfahrensarten, z. B. in Entmündigungssachen, werden die gemeinrechtlichen Ausdrücke: Provokant und Provokat, Implorant und Implorat verwendet.

Dogmatische Grundlagen zum Parteibegriffe

1. Kohler parteifähig (gerichtsfähig) ist, wer die Befähigung hat, Subjekt einer Prozessrolle zu sein. Prozessstandschaft hat, wer fremde Prozesse mit Einwirkung auf den Dritten führt, ein fremder Anspruch ist dem schützenden Kampfe eines Dritten preisgegeben, z. B. Ehemann wegen des Eingebrachten beim gesetzlichen Güterstande, nicht rechtsfähiger Verein. Künstliche Parteibildung bei Entmündigung und Aufgebot.

2. Hellwig Prozessführungsrecht ist die Befugnis, einen Prozess zu führen, so dass die Entscheidung auch Dritten gegenüber wirksam wird (Sachlegitimation), Prozessführungsmacht hat, wer fälschlich als prozessführungsberechtigt sich ausgegeben hat, dessen Prozessführung aber zugunsten des Gegners auch gegen den wirklichen Prozessführungsberechtigten wirkt (z. B. beim gutgläubigen Erwerbe vom Nichtberechtigten, bei Unkenntnis einer Nacherbfolge). Parteifähig seien Menschen, juristische Personen, Vermögensmassen ohne Rechtssubjektivität (Band I 1), selbständige Sondervermögen (d. i. eine Vermögensmasse, deren Verwaltung ihrem Subjekte entzogen und einem Verwalter übertragen ist, der die Verwaltungshandlungen im Namen der Vermögensmassen vorzunehmen hat.

III. Eine Gleichheit der Parteirechte besteht nicht, da z. B. der Kläger nicht verurteilt werden kann (kein iudicium duplex, bei dem auch der Kläger verurteilt werden konnte, siehe Band 8 19).

1. Die Pflichten der Parteien sind. die Behauptungspflicht (Substanziierungspflicht, d. i. Vorbringung der zur Verfolgung oder Verteidigung der Parteirechte erforderlichen Tatsachen), Erklärungspflicht bezüglich der vom Gegner aufgestellten Behauptungen, Eidespflicht und Erfüllungspflicht.

2. Eine Untätigkeit der Partei zieht Nachteile nach sich; über den Grund der Untätigkeitsnachteile besteht Streit.

Nach Wach besteht eine Verteidigungspflicht und daher eine Strafe für die Nichterfüllung einer Handlungspflicht (Kontumaz), nach v. Bülow hat die Partei ein Abwehrrecht und erleidet daher durch ihre Untätigkeit den Verlust des Rechtes zur Abwehr (Präklusion), nach Stein, Weismann, Schmidt ist die Untätigkeitsfolge eine Konsequenz der der Partei im Interesse des Rechtsschutzes auferlegten Last, ihre Rechte selbst zu wahren.

§ 10. **Parteifähig** ist, wer klagen und verklagt werden kann.

I Die gesetzliche Definition lautet: parteifähig ist, wer rechtsfähig ist, Z 50, Abs 1. Diese Definition ist zu eng; denn parteifähig ist:

1. jeder Rechtsfähige, also die physische und die juristische Person; insbesondere auch die Aktiengesellschaft, die Gesellschaft mit beschränkter Haftung, der Versicherungsverein auf Gegenseitigkeit;

2. die offene Handelsgesellschaft, die Kommanditgesellschaft, die Kommanditgesellschaft auf Aktien; vereinzelt auch Behörden als solche.

Dagegen ist die Gesellschaft nach B 705 weder aktiv noch passiv parteifähig. Ueber den Gegensatz zum nichtrechtsfähigen Verein Band 1 7

Es ist also zu beachten: die Rechtsfähigkeit ist ein engerer Begriff als die Parteifähigkeit.

II. Jeder Parteifähige:

1 kann Kläger sein, aktive Parteifähigkeit;

2. kann Beklagter sein, passive Parteifähigkeit.

Wer parteiunfähig ist, kann weder Kläger noch Beklagter sein. Ausnahmsweise ist durch Z 50, Abs. 2 der nichtrechtsfähige Verein, der parteiunfähig ist, für passiv parteifähig erklärt worden; er kann also verklagt werden.

Daher kann der nichtrechtsfähige Verein überall da, wo ein Beklagter als solcher klagen könnte, die Aktivrolle übernehmen, diese Fälle sind 1. Widerklage, 2. Inzidentfeststellungsklage, 3. Vollstreckungsgegenklage, 4. Rechtsmittel, 5. Geltendmachung von Schadensersatz wegen zu Unrecht erfolgter vorläufiger Vollstreckung sowie wegen zu Unrecht angelegten Arrestes oder einstweiliger Verfügung, 6. Verwaltungsklage nach B 62, 7 sofortige Beschwerde nach B 60, Abs. 2.

§ 11. **Prozeßfähigkeit** ist die Fähigkeit, selbst oder durch beauftragte Vertreter im Prozesse zu handeln, legitima persona standi in iudicio.

I. Eine Person ist insoweit prozeßfähig, als sie durch Verträge sich verpflichten kann, Z 52.

Gegensätze zur Prozessfähigkeit geschäftsfähig ist, wer durch Verträge sich verpflichten kann, wechselfähig ist, wer durch Verträge sich verpflichten kann. Die Prozessfähigkeit ist also weiter als die Geschäftsfähigkeit und die Wechselfähigkeit.

II. Nicht prozeßfähig sind Geschäftsunfähige und juristische Personen, ferner die beschränkt Geschäftsfähigen, soweit ihnen die Verpflichtungsfähigkeit fehlt, endlich solche Personen, die im Prozesse durch einen Pfleger vertreten werden.

Ein Kind ist parteifähig, aber nicht prozessfähig.

Gesetzliche Vertretung ist die wegen Prozeßunfähigkeit der Partei notwendige Stellvertretung der Partei.

1. Der gesetzliche Vertreter handelt für die Partei, er leistet den Parteieid; er kann nicht Zeuge sein

2. Bestellung durch den Vorsitzenden in den besonderen Fällen von Z 57; sonst richtet sich die gesetzliche Vertretung nach B.

3. Bestellung eines Vertreters für ein herrenloses, vom Fiskus noch nicht okkupiertes Grundstück (Z 58): nach **Hellwig** vertritt dieser Vertreter das subjektlose Eigentum am Grundstücke, nach **Stein** ist der Vertreter selbst Partei.

III. Beschränkt Geschäftsfähige sind insoweit prozeßfähig, als sie sich verpflichten können; siehe Band 1 16. Ferner sind beschränkt Geschäftsfähige in Ehe- und Statussachen prozeßfähig.

IV. Die Prozeßfähigkeit einer Frau wird dadurch, daß sie Ehefrau ist, nicht beschränkt.

V. Ein Ausländer, dem die Prozeßfähigkeit nach dem Rechte seiner Heimat mangelt, gilt als prozeßfähig, wenn er nach dem Rechte des Prozeßgerichtes prozeßfähig ist.

§ 12. **Postulationsfähigkeit** ist die Fähigkeit, die Form der prozessualen Handlung zu erfüllen.

Prozessfähigkeit ist zwar die Fähigkeit, prozessual zu handeln, dagegen ist der Prozessfähige nicht immer imstande, auch die Form der Prozesshandlungen zu erfüllen.

I. Die Postulationsfähigkeit im Parteiprozesse kommt jedem Prozeßfähigen zu. Dagegen muß im Anwaltsprozesse, d. h. im Prozesse vor einem Kollegialgerichte, die Partei durch einen bei diesem Gerichte zugelassenen Anwalt vertreten sein.

Ausnahmen vom Anwaltszwange bestehen:

1. der bei diesem Gerichte zugelassene Anwalt kann sich selbst vertreten;
2. der Staatsanwalt in Ehe- und Entmündigungssachen;
3. für das Verfahren vor einem ersuchten oder beautragten Richter;
4. bei Prozeßhandlungen, die vor dem Gerichtsschreiber vorgenommen werden können;
5. für den Zeugen, gegen den eine Inzidentfeststellungsklage wegen des von ihm behaupteten Zeugnisverweigerungsrechtes erhoben wird.

Dagegen besteht Anwaltszwang auch für die Beschwerde, abgesehen von Z 569_2.

II. Die Prozeßfähigkeit der Partei im Anwaltsprozesse äußert sich troß des Fehlens der Postulationsfähigkeit in folgenden Fällen:

1. die Partei bestellt den Anwalt;
2. sie kann im Termine erscheinen und den Anwalt berichtigen, muß von ihm daher stets vom Termine benachrichtigt werden;
3. sie leistet den Parteieid;
4. sie kann den Streitgegenstand entgegennehmen;
5. sie kann sich vor dem ersuchten oder beauftragten Richter selbst vertreten;
6. sie kann gewisse Erklärungen zu Potokoll des Gerichtsschreibers abgeben;
7. sie kann dem Gerichtsvollzieher Aufträge geben;

8. wird sie prozeßunfähig, so wird das Verfahren unterbrochen;
9. bei Konkurs der Partei wird das Verfahren unterbrochen;
10. stirbt die Partei, so tritt Unterbrechung ein;
11. die Parteien können vereinbaren, daß das Verfahren ruhen solle;
12. die Partei kann Vergleich, Verzicht und Anerkenntnis sich selbst vorbehalten;
13. beim Tode ihres Anwaltes kann die Partei, falls die Neubestellung eines Anwaltes sich verzögert, selbst zur Verhandlung der Hauptsache geladen werden;
14. Kündigung des Mandates;
15. der Richter kann jederzeit die Partei laden.

Beispiel in Sachen des minderjährigen Wilhelm Schulze,
vertreten durch seinen Vormund Gustav Müller,
im Prozesse vertreten durch den Rechtsanwalt Meyer,
gegen die offene Handelsgesellschaft in Firma Krüger und Teilnehmer,
Gesellschafter August Krüger und Gottlieb Schmidt,
Prozessbevollmächtigter Rechtsanwalt Krause.

§ 13. Sachlegitimation ist die juristische Tatsache, die den Kläger zum rechten Kläger und den Beklagten zum rechten Beklagten macht.

I. Der Kläger muß also der Anspruchsberechtigte sein (Aktivlegitimation); der Beklagte muß der Verpflichtete sein (Passivlegitimation).

II. Für fremde Rechnung sind legitimiert: z. B der Konkursverwalter, der preußische Universitätsquästor, der Ehemann wegen des Eingebrachten beim gesetzlichen Güterstande, der Testamentsvollstrecker

Der Kridar ist prozeßfähig, aber nicht sachlich legitimiert; siehe Band 10 26, 31.

§ 14. Streitgenossenschaft ist subjektive Klagenhäufung; es sind mehrere Kläger (aktive Streitgenossenschaft) oder mehrerer Beklagte (passive Streitgenossenschaft) vorhanden; Z 59—63.

I. Zulässigkeit der Streitgenossenschaft: wenn mehrere in Ansehung des Streitgegenstandes in Rechtsgemeinschaft stehen; oder wenn mehrere aus demselben tatsächlichen und rechtlichen Grunde berechtigt oder verpflichtet sind; oder wenn gleichartige und auf einem im wesentlichen gleichartigen tatsächlichen und rechtlichen Grunde beruhende Ansprüche oder Verpflichtungen den Gegenstand des Rechtsstreites bilden.

Die Arten der Streitgenossenschaft:

1. notwendige (besondere), wenn das streitige Rechtsverhältnis allen Streitgenossen gegenüber nur einheitlich festgestellt werden kann;

2. zufällige (fakultative), wenn es vom Willen des Klägers abhängt, ob er die mehreren Beklagten in einem Prozesse belangen will, oder wenn die mehreren Kläger zusammen auf der Aktivseite auftreten wollen.

Beispiele der notwendigen Streitgenossenschaft. Gesamtschuld, Gesamthand, Gemeinschaft, Hauptintervention, Nichtigkeitsklage, des Staatsanwaltes gegen beide Ehegatten, Exekutionsintervention.

II. Grundsätze der Streitgenossenschaft:

1. Allgemeines: jeder Streitgenosse kann den Prozeß betreiben; er muß, wenn er den Gegner zum Termine lädt, auch die übrigen Streitgenossen laden.

2. Bei der zufälligen Streitgenossenschaft stehen die Streitgenossen dem Gegner dergestalt als einzelne gegenüber, daß die Handlungen des einen Streitgenossen dem anderen weder zum Vorteile noch zum Nachteile gereichen.

3. Bei der notwendigen Streitgenossenschaft werden, wenn ein Termin oder eine Frist nur von einzelnen Streitgenossen versäumt wird, die säumigen Streitgenossen als durch die nichtsäumigen vertreten angesehen. Die säumigen Streitgenossen sind auch in dem späteren Verfahren zuzuziehen.

§ 15. **Die Beteiligung Dritter am Rechtsstreite** kann als Haupt- oder Nebenintervention vorkommen; Z 64—77.

I. Hauptintervenient ist, wer die Sache oder das Recht, worüber zwischen anderen Personen ein Rechtsstreit (sog. Hauptprozeß) anhängig geworden ist, ganz oder teilweise für sich in Anspruch nimmt.

1. Zulässig ist die Hauptintervention bis zur rechtskräftigen Entscheidung des Hauptprozesses.

2. Folge der Hauptintervention ist, daß der Hauptintervenient in dem nun entstehenden Interventionsprozesse Kläger, die Parteien des Hauptprozesses Beklagte werden; diese Beklagten sind notwendige Streitgenossen.

II. Nebenintervention: wer ein rechtliches Interesse daran hat, daß in einem schwebenden Prozesse die eine Partei siege, kann dieser Partei zum Zwecke ihrer Unterstützung beitreten

Beispiele; Viehmängel, Untermieter, Versicherung

1. Gegensatz zur Streitgenossenschaft: der Nebenintervenient ist ein Dritter, der Streitgenosse ist Partei.

2. Wirkungen der Nebenintervention: Z 69, insbesondere keine exceptio male gesti processus.

§ 16. **Die Streitverkündung:** Eine Partei, die für den Fall einer ihr ungünstigen Entscheidung Ansprüche gegen einen Dritten zu haben glaubt oder Ansprüche eines Dritten besorgt, kann bis zur rechtskräftigen Entscheidung dem Dritten gerichtlich den Streit verkünden.

1. Die Verkündung des Streites erfolgt durch Zustellung eines Schriftsatzes, in welchem der Grund der Streitverkündung und die Lage des Rechtsstreites anzugeben ist.

2. Wenn der Dritte dem Streitverkünder beitritt, dann gelten die Grundsätze der Nebenintervention; insbesondere Z 74_3, 68.

§ 17. **Die Benennung des Dritten** (laudatio oder nominatio auctoris). Der unmittelbare Fremdbesitzer einer Sache kann dem mittelbaren Besitzer vor der Verhandlung zur Hauptsache den Streit verkünden, ihn dem Kläger benennen und zur Erklärung laden; Z 76. — Hinterlegungsrecht des beklagten Schuldners: Z 75 (lex Bähr, Forderungsprätendentenstreit).

§ 18. Prozeßbevollmächtigte und Beistände. I. Bevollmächtigter einer Partei ist, wer auf Grund einer Vollmacht als Vertreter der Partei Prozeßhandlungen für sie vornehmen kann, Z 78.

1. Arten der Vollmacht: a) Vollmacht zur Prozeßführung überhaupt (Prozeßvollmacht); b) für einzelne Prozeßhandlungen; c) zur Empfangnahme von Schriftstücken (Zustellungsvollmacht).

Der Bevollmächtigte kann die Vollmacht weiter erteilen z. B. Bestellung eines Vertreters bei Behinderung, (Vertretungs-, Substitutions-, Unter-, Nachvollmacht), Erteilung der Prozessvollmacht für die höheren Instanzen.

2. Umfang der Vollmacht: die Prozeßvollmacht ermächtigt zu allen den Rechtsstreit betreffenden Prozeßhandlungen ohne Rücksicht auf den Willen des Vollmachtgebers, Z 81. — Eine Beschränkung des gesetzlichen Umfanges der Vollmacht hat dem Gegner gegenüber nur insoweit Wirkung, als sie Vergleich, Verzicht, Anerkenntnis betrifft. Eine Vollmacht für einzelne Prozeßhandlungen ist zulässig, insoweit eine Vertretung durch Anwälte nicht geboten ist.

Über Anwaltszwang siehe w o. S. 14, besteht Anwaltszwang nicht, dann können die Parteien den Rechtsstreit selbst oder durch jede prozessfähige Person als Bevollmächtigten führen.

3. Anwaltsprozeß ist das Verfahren vor den Landgerichten und vor allen Gerichten höherer Instanz, in welchem die Parteien durch einen beim Prozeßgerichte zugelassenen Rechtsanwalt als Bevollmächtigten sich vertreten lassen müssen.

Geschichtliche Entwickelung römisch siehe Band 8 13 und 14, deutsch Fürsprecher (Band 19), kanonisch procuratores und advocati, französisch: avocat plädiert vor Gericht, avoué (früher. procureur) fertigt bloss Schriftsätze; englisch solicitor und barrister; geltendes Recht freie Advokatur (Gneist). — Rechtsanwaltsordnung vom 1. Juli 1878.

a) Befähigung: dieselbe wie zum Richteramte; der Rechtsanwalt ist nicht Beamter und nicht Gewerbetreibender, sondern hat ein munus publicum.

b) Die Zulassung der Rechtsanwälte erfolgt beim Reichsgerichte nach freiem Ermessen des Präsidiums, sonst durch die Landesjustizverwaltung nach Anhörung des Vorstandes der Anwaltskammer und zwar nur für ein bestimmtes Gericht (Prinzip der Lokalisation durch Eintragung in die Liste der Rechtsanwälte).

Die Zulassung darf nur aus gesetzlichen Gründen versagt werden (z. B. Verwandtschaft mit einem Richter usw.), und nicht wegen mangelnden Bedürfnisses. Es besteht ein Recht auf Zulassung in dem Einzelstaate, in dem man die zweite Prüfung bestanden hat.

c) Organisation: die Anwälte eines Oberlandesgerichtsbezirkes bilden eine Anwaltskammer; die Anwaltskammer am Reichsgerichte bilden die dort zugelassenen Anwälte.

Aufgabe der Anwaltskammer ist die Vertretung der gemeinsamen Standesinteressen, ihr Vorstand (9 bis 15 Mitglieder) entscheidet als Ehrengericht in der Besetzung von 5 Mitgliedern in erster Instanz, die Berufung hiergegen geht an den Ehrengerichtshof am Reichsgerichte (Präsident, 3 Räte, 3 Anwälte am Reichsgerichte). Strafen Warnung, Verweis, bis 3000 Mk. Geldstrafe, Ausschluss.

d) Rechte der Rechtsanwälte: α) sie können Beistand in allen Zivilsachen sein; — β) Vertreter in allen Nichtanwaltsprozessen; in Anwaltsprozessen nur der am betreffenden Gerichte zugelassene Anwalt; — γ) sie haben Anspruch auf tarifmäßige Gebühren (Gebührenordnung) und Erstattung von Auslagen; ein höheres Honorar kann schriftlich versprochen werden, aber im Prozeßwege, nachdem ein Gutachten der Anwaltskammer eingeholt ist, herabgesetzt werden; — δ) Auftreten als Verteidiger, Vertreter des Privatklägers in Strafsachen, ferner als Vertreter der Verwaltungsbehörde bei einer Anklage wegen Zuwiderhandlung gegen Steuervorschriften (C 464_2).

Zum Empfange der Streitsumme ist der Anwalt nur befugt, wenn der Vollmacht die Goldklausel beigefügt ist.

e) Pflichten der Rechtsanwälte: α) sie haben gewissenhaft ihre Berufstätigkeit auszuführen; — β) sie sollen ein würdiges Verhalten auch außerhalb des Berufes zeigen; — γ) sie haben jedermann ihre Dienste zu leisten und dürfen sie nur versagen, wenn es pflichtwidrig wäre (auch wenn zuviel beschäftigt); bei Ablehnung besteht Anzeigepflicht, sonst könnte ein Schadenersatz der Partei begründet sein; — δ) sie haben geordnete Handakten zu führen und für einen geordneten Bureaubetrieb zu sorgen; — ε) sie haften der Partei bei vorsätzlicher oder fahrlässiger Vernachlässigung der Berufspflichten, — ζ) endlich sind sie zur Übernahme von Offizialmandaten in Zivil- und Strafsachen sowie zur Ausbildung der ihnen überwiesenen Referendare verpflichtet.

Zwischen dem Rechtsanwalt und seiner Partei besteht ein Dienstvertrag: siehe Band 2. Der Anwalt kann vom Prozessgerichte ex officio zur Tragung derjenigen Kosten verurteilt werden, die durch sein grobes Verschulden veranlasst worden sind: z. B. wenn ein am Beschwerdegerichte nicht zugelassener Anwalt für eine Partei Beschwerde einlegt.

f) Der Anwalt hat Anspruch auf Erstattung von Auslagen und Gebühren.

Auslagen sind Schreibgebühren (Kopialien), ferner bei Reisen für den Auftraggeber: Tagegelder und Reisekosten. — Gebühren entsprechend dem Umfange der Tätigkeit, unter Zugrundelegung des Wertes des Streitgegenstandes; zu unterscheiden: Prozessgebühren für die Information, die Vorbereitung und den Betrieb des Prozesses, Verhandlungsgebühren für die Tätigkeit in der mündlichen Verhandlung, Beweisgebühren für die Tätigkeit bei der Beweisaufnahme; Vergleichsgebühr für die Mitwirkung bei einem Vergleiche. - Jede Gebühr ist in jeder Instanz nur einmal anrechenbar. — Der Rechtsanwalt kann von der Partei Vorschuss verlangen.

4. Im Nichtanwaltsprozesse gelten folgende Vorschriften:

a) Das Gericht kann Parteien, Bevollmächtigten und Beiständen, denen die Fähigkeit zum geeigneten Vortrag mangelt, den weiteren Vortrag untersagen; dies bezieht sich nicht auf Rechtsanwälte.

b) Das Gericht kann Bevollmächtigte und Beistände, welche das mündliche Verhandeln vor Gericht geschäftsmäßig betreiben, zurückweisen. Diese Vorschrift bezieht sich nicht auf Rechtsanwälte, ferner nicht auf Prozeßagenten (Personen, denen seitens der preußischen Justizverwaltung das mündliche Verhandeln vor Gericht gestattet ist).

Das Recht der Zurückweisung ist ausschliesslich Sache des Richters, der Gegenanwalt hat nicht das Recht zu beantragen, dass ein Winkelkonsulent zurückgewiesen werde.

5. Beistand ist eine prozeßfähige Person, die (auch vor Kollegialgerichten) mit der Partei vor Gericht erscheint, um ihr bei der Prozeßführung zu helfen, Z 90.

§ 19. **Die Prozeßkosten** trägt die unterliegende Partei, Z 91; hat aber der Beklagte durch sein Verhalten keinen Anlaß zur Klageerhebung gegeben, und erkennt er den Anspruch sofort an, dann fallen dem Kläger die Prozeßkosten zur Last. — Die Kostenentscheidung darf in der Regel nicht selbständig angefochten werden, wenn nicht ein Rechtsmittel gegen die Sachentscheidung eingelegt ist; aber es bestehen zwei Ausnahmen (Anerkenntnis; Fehlen einer Sachentscheidung).

Der Kostenfestsetzungsbeschluss ist beim Gerichte erster Instanz unter Beifügung eines zur Zwangvollstreckung geeigneten Titels zu beantragen.

§ 20. **Sicherheitsleistung** nach Z 108—113, insbesondere müssen klagende Ausländer wegen der Prozeßkosten Sicherheit leisten, aber fünf Ausnahmen: a) wenn in ihrer Heimat Deutsche von der Sicherheit befreit sind, b) im Urkunden- und Wechselprozesse, c) bei der Widerklage, d) bei der Klage auf öffentliche Aufforderung, e) bei einer Klage aus im Grundbuche eingetragenen Rechten.

§ 21. **Armenrecht** nach Z 114—127 — Wer außerstande ist, Kosten zu zahlen, ohne daß er dadurch den notwendigen Unterhalt für sich oder seine Familie beeinträchtigen würde, erhält das Armenrecht bewilligt; jedoch darf die beabsichtigte Rechtsverfolgung oder Rechtsverteidigung nicht mutwillig oder aussichtslos erscheinen. Ausländer erhalten das Armenrecht nur bei verbürgter Gegenseitigkeit — Wirkung: vorläufige Befreiung von Kosten, Beiordnung eines Gerichtsvollziehers ev. eines Anwaltes (vorläufig unentgeltlich).

Ein Armutsattest erteilt die Behörde (Polizei, Amtsvorsteher, ev auch das Vormundschaftsgericht, z. B. für uneheliche Kinder), dagegen wird das Armenrecht vom Prozessgerichte der betreffenden Instanz bewilligt.

2. Kapitel.

Das Verfahren im allgemeinen.

§ 22. **Die mündliche Verhandlung** bezweckt die Schaffung der Urteilsgrundlage; Z 128—165

I. Die Parteien handeln durch Anträge (Angriffs-, Verteidigungshandlungen).

Der Antrag kann unberechtigt und damit unwirksam erscheinen, a) rechtlich, indem der angeführte Rechtssatz nicht zutrifft, b) tatsächlich, indem die Wahrheit der tatsächlichen Behauptung bestritten wird; c) durch Geltendmachung einer Einrede, d. i. die Berufung auf einen Rechtssatz, welcher die Wirksamkeit des im Antrage enthaltenen Rechtssatzes ausschliesst.

II. Vorbereitung der mündlichen Verhandlung:

1. Vorbereitende Schriftsätze dienen im Anwaltsprozesse zur Vorbereitung der mündlichen Verhandlung; sie sind auch in anderen Prozessen, z. B. Amtsgericht, erlaubt

Die Nichtvorbereitung bewirkt keine Rechtsnachteile, wohl aber können ev. dem säumigen Teile die Kosten der Terminsverlegung zur Last fallen. — Inhalt der vorbereitenden Schriftsätze Z 130.

2. Schutz gegen Überrumpelung: der vorbereitende Schriftsatz, der neue Tatsachen oder ein anderes neues Vorbringen enthält, ist mindestens eine Woche (beim Zwischenstreite: drei Tage) vor der mündlichen Verhandlung zuzustellen.

Enthält er eine Gegenerklärung, dann ist er mindestens drei Tage vor der mündlichen Verhandlung zuzustellen (beim Zwischenstreite ist die Gegenerklärung nicht erforderlich). — Sind diese Fristen nicht gewahrt, so kann Vertagung beansprucht werden.

3. Niederlegung von Urkunden auf der Gerichtsschreiberei hat seitens der Partei auf Aufforderung zu erfolgen, wenn sie auf diese in ihren Händen befindlichen Urkunden im Schriftsatze Bezug genommen hat.

Anwälte können sich Urkunden von Hand zu Hand gegen Empfangsbescheinigung mitteilen, gibt der Anwalt nicht rechtzeitig die Urkunde zurück, so kann er durch Zwischenstreiturteil zu unverzüglicher Zurückgabe verurteilt werden, hiergegen hat er sofortige Beschwerde.

III. Sachleitung in der mündlichen Verhandlung: der Vorsitzende eröffnet und leitet die mündliche Verhandlung; er erteilt das Wort und kann es dem, der seinen Anordnungen nicht folgt, entziehen.

Beispiel: es steht Verkündungstermin an, ein Anwalt will aber beantragen, dass wieder in die Verhandlung eingetreten werde, dies kann der Vorsitzende vereiteln, indem er dem Anwalte das Wort nicht erteilt.

1 Sachbehandlung: der Vorsitzende sorgt dafür, daß die Sache erschöpfend erörtert und die Verhandlung ununterbrochen beendet werde; ev. hat er die Sitzung zur Fortsetzung der Verhandlung sofort zu bestimmen.

2. Schluß der mündlichen Verhandlung: der Vorsitzende schließt die Verhandlung, wenn nach Ansicht des Gerichtes die Sache vollständig erörtert ist, und verkündet die Urteile und Beschlüsse des Gerichtes. Dagegen kann das Gericht die Wiedereröffnung einer geschlossenen Verhandlung anordnen.

IV. Gang der mündlichen Verhandlung, Z 128—137.

1 Die Einleitung der mündlichen Verhandlung erfolgt dadurch, daß die Parteien ihre Anträge stellen; im Anwaltsprozesse ist Verlesung der Anträge vorgeschrieben, Z 297.

2. Die Parteivorträge sind in freier Rede zu halten, sie haben das Streitverhältnis in tatsächlicher und rechtlicher Beziehung zu umfassen. Eine Bezugnahme auf Schriftstücke statt mündlichen Verhandelns ist unzulässig; ihre Vorlesung ist nur erlaubt, wenn es auf den wörtlichen Inhalt ankommt. In Anwaltsprozessen ist neben dem Anwalte auch der Partei selbst auf Antrag das Wort zu gestatten.

3. Erklärungspflicht: jede Partei hat sich über die vom Gegner behaupteten Tatsachen und über Urkunden zu erklären. Tatsachen, die nicht ausdrücklich bestritten werden, sind als zugestanden anzusehen, wenn nicht die Absicht, sie bestreiten zu wollen, aus den übrigen Erklärungen der Partei hervorgeht. Eine Erklärung über Nichtwissen ist nur über solche Tatsachen zugelassen, die weder eigene Handlungen der Partei noch Gegenstand ihrer eigenen Wahrnehmung gewesen sind.

Über Beanstandungen der Sachleitung des Vorsitzenden oder einer Frage des Vorsitzenden oder eines Gerichtsmitgliedes entscheidet das Gericht.

V. Prozeßleitung seitens des Gerichtes: das Gericht kann das persönliche Erscheinen einer Partei zur Aufklärung des Sachverhältnisses anordnen; es kann verlangen, daß die Partei von ihr in Bezug genommene Urkunden, ferner Stammbäume, Pläne, Risse und sonstige Zeichnungen, sowie erhebliche Schriftstücke (Akten) vorlege. — Das Gericht kann die Einnahme des Augenscheins sowie eine Begutachtung durch Sachverständige ex officio anordnen.

1. Trennung der Verhandlung kann das Gericht anordnen, wenn der Kläger mehrere Ansprüche in einer Klage erhoben hat, oder wenn der Beklagte eine Widerklage erhebt oder eine Aufrechnung geltend macht die mit dem Klageanspruche nicht in rechtlichem Zusammenhange stehen, — Beschränkung der Verhandlung bei mehreren auf denselben Anspruch sich beziehenden selbständigen Angriffs- oder Verteidigungsmitteln (Klagegründen, Einreden, Repliken usw) kann das Gericht die Verhandlung zunächst auf eines oder einige dieser Mittel beschränken.

2. Verbindung mehrerer Prozesse kann angeordnet werden, wenn die Ansprüche in rechtlichem Zusammenhange stehen oder in einer Klage hätten geltend gemacht werden können.

3. Aussetzung der Verhandlung kann angeordnet werden, wenn ein Präjudiz in einem schwebenden Prozesse oder eine verwaltungsbehördliche Entscheidung oder die Ermittelung einer strafbaren Handlung abgewartet werden soll

4. Wiederaufhebung der Anordnung von Trennung, Verbindung oder Aussetzung ist zulässig, ebenso kann eine bereits geschlossene Verhandlung wiedereröffnet werden.

5. Obligatorische Vortragsfähigkeit Z 157; Sitzungsdisziplin Band 8. 48, über Kontumaz als Folge der sitzungspolizeilichen Entfernung. Z 158.

§ 23. **Das Sitzungsprotokoll** ist eine vom Gerichtsschreiber angefertigte, vom Vorsitzenden und dem Gerichtsschreiber unterzeichnete Urkunde, die über die mündliche Verhandlung vor dem Gerichte aufgenommen wird.

I. Inhalt des Sitzungsprotokolles: 1. Ort und Tag der Verhandlung, 2. Namen der Richter, des Gerichtsschreibers und ev. des Dolmetschers, 3. Bezeichnung des Rechtsstreites, 4 Namen der erschienenen Parteien, gesetzlichen Vertreter, Bevollmächtigten und Beistände, 5. Angabe, daß öffentlich verhandelt oder die Öffentlichkeit ausgeschlossen ist.

II. Der Gang der Verhandlung ist nur im allgemeinen anzugeben; durch Aufnahme in das Protokoll sind festzustellen: 1. Anerkenntnisse, Verzichte, Vergleiche, 2. Anträge und Erklärungen, deren Feststellung vorgeschrieben ist, z. B Geständnisse, Zeugnisverweigerung, 3. Zeugen- und Sachverständigenaussagen (siehe aber Z 161), 4 Ergebnis eines Augenscheines, 5. Entscheidungen (Urteile, Beschlüsse, Verfügungen) des Gerichtes, sofern sie nicht dem Protokolle schriftlich beigefügt sind, 6. die Tatsache der Verkündung von Entscheidungen. Vorlesung und Genehmigung seitens der Parteien ist zu 1—4 erforderlich, auch hierüber ist ein protokollarischer Vermerk zu machen.

Unterschrift: Z 163; Protokolle ausserhalb der Sitzung · Z 165; Protokollanlage: Z 160, Abs. 3. – Beweiskraft des Protokolles die Beobachtung der für die mündliche Verhandlung vorgeschriebenen Förmlichkeiten kann nur durch das Protokoll bewiesen werden. Gegen den diese Förmlichkeiten betreffenden Inhalt ist nur der Nachweis der Fälschung zulässig.

§ 24. **Zustellung** ist die maßgebliche schriftliche Mitteilung des Inhaltes eines Schriftstückes, und zwar derart, daß der Beweis für die Übergabe des Schriftstückes an den Empfänger durch eine Zustellungsurkunde erbracht wird.

I. Zustellungen auf Betreiben der Parteien:

A Im Inlande erfolgen Zustellungen: 1. durch den (vom Betreibenden beauftragten) Gerichtsvollzieher, der entweder persönlich oder durch Vermittelung der Post dem Empfänger zustellt, 2. von Anwalt zu Anwalt; — ferner für Nichtanwaltsprozeß und zur Wahrung einer Notfrist im Anwaltsprozesse: 3. durch den (vom Gerichtsschreiber auf Ersuchen des Betreibenden angegangenen) Gerichtsvollzieher (persönlich oder durch die Post), 4. durch den (vom Betreibenden bei Gefahr im Verzuge ersuchten) Gerichtsschreiber direkt durch Aufgabe zur Post (Z 196).

Auftrag zur Zustellung Z 167–169. Ausführung der Zustellung Z 170: Empfänger der Zustellung Z 171—179; Ort der Zustellung Z 180; Zeit der Zustellung Z 188; Nichtannahme Z 186, Zustellungseffekt trotz Mangels Z 187 – Ersatzzustellung Z 181—185. Zustellung an mehrere Z 189. – Zustellungsurkunde Z 190–192.

Post als Vermittler der Zustellung Z 193—197, Anwalt als Organ der Zustellung Z 198.

Partei und Gericht: die Partei „stellt zu“ dem Gegner oder einem Dritten, dagegen „reicht ein“ dem Gerichte. Beispiel die Klage wird durch Zustellung der Klageschrift an den Gegner erhoben, dem Gerichte wird die Klage in drei Exemplaren vorher eingereicht (siehe w u. Seite 26). — „Ich stelle selbst zu“ bedeutet (als Vermerk auf der Klageschrift im Nichtanwaltsprozesse), dass die Partei zwei ihrer (zur Terminsbestimmung eingereichten) drei Exemplare wieder zurückerhalten will, um selbst den Gerichtsvollzieher zu beauftragen, der dann auch die Beglaubigungen vornimmt.

B Im Auslande Z 199—202.

C. Öffentliche Zustellung Z 203—207$_1$ ist die Zustellung durch öffentliche Bekanntmachung; sie ist zulässig: 1. wenn der Aufenthalt einer Partei unbekannt ist, wenn bei einer im Auslande zu bewirkenden Zustellung die Befolgung der für diese bestehenden Vorschriften unausführbar ist oder keinen Erfolg verspricht, 3. wenn deshalb nicht zugestellt werden kann, weil die Wohnung eines Exterritorialen (Band 8 38) der Ort der Zustellung ist, z. B. wenn der deutsche Diener eines fremden Gesandten Zustellungsempfänger ist.

Wird ein Schriftsatz, dessen Zustellung unter Vermittelung des Gerichtschreibers erfolgen soll, innerhalb von zwei Wochen nach der Einreichung beim Gerichtsschreiber zugestellt, so tritt, sofern es sich um einen Fall handelt, in welchem durch die Zustellung eine Notfrist gewahrt wird, die Wirkung der Zustellung bereits mit der Einreichung ein, Z 207$_2$.

II. Zustellungen von Amts wegen, Z 208—213, bewirkt der Gerichtsschreiber durch einen Gerichtsdiener oder durch Aufgabe zur Post; vereinfachte Zustellung (nur eine Urkunde; Vermerk auf dem zugestellten Schriftstücke).

§ 25. Ladungen, Termine und Fristen, Z 214—229.

I. Ladung ist die Aufforderung an die Partei oder der Befehl an Dritte, vor Gericht zu einem bestimmten Termine aus einem bestimmten Grunde zu erscheinen.

1. Die Ladung des Gegners ist Sache der Partei; „ich lade" muß daher in der Ladungsschrift stehen.

Im Anwaltsprozesse ist ausser der Ladung noch die Aufforderung an den Gegner beizufügen, einen beim Prozessgerichte zugelassenen Anwalt zu bestellen.

2. Einreichung der Ladung zwecks Terminsbestimmung beim Gerichtsschreiber; der Vorsitzende bestimmt sodann binnen 24 Stunden den Termin.

Keine Ladung ist zu Terminen erforderlich, die in verkündeten Entscheidungen bestimmt sind

3. Die Ladungsfrist ist die Frist zwischen der Zustellung der Ladung in einer bereits anhängigen Sache und dem Termine; sie beträgt im Anwaltsprozesse mindestens eine Woche, in anderen Prozessen mindestens drei Tage, in Meß- und Marktsachen mindestens 24 Stunden.

4. Die Zeugen werden stets vom Gerichte geladen.

II. Termine werden an Gerichtsstelle abgehalten, aber Ausnahmen: 1. Augenschein an Ort und Stelle, 2. Verhandlung mit einer am Erscheinen vor Gericht verhinderten Person, 3. eine Handlung, die an Gerichtsstelle nicht vorgenommen werden kann.

Termine an Sonn- und Feiertagen dürfen nur in Notfällen abgehalten werden.

Privileg der Mitglieder regierender Häuser (Band 8 37): es besteht für sie keine Verpflichtung, persönlich an Gerichtsstelle zu erscheinen.

Der Termin beginnt mit dem Aufrufe der Sache; der Termin ist von einer Partei versäumt, wenn sie bis zu dessen Schlusse nicht verhandelt. — Die Aufhebung eines Termins kann durch Parteivereinbarung erfolgen; die Verlegung eines Termins kann beantragt werden. Das Gericht kann von Amts wegen den Termin verlegen, die Verhandlung vertagen, einen Termin zur Fortsetzung der Verhandlung anberaumen.

III. Fristen werden nach B berechnet (Band 1); fällt das Ende einer Frist auf einen Sonn- oder Feiertag, so endigt sie mit dem Ablaufe des nächsten Werktages; bei Berechnung einer Stundenfrist werden Sonn- und Feiertage nicht mitgerechnet.

1. Einteilung: richterliche Fristen sind solche, deren Dauer das Gericht bestimmt; gesetzliche sind solche, deren Dauer das Gesetz bestimmt. — Andere Einteilung: Fristen, deren Lauf das Gericht zu beachten hat, und solche, die von der Partei zu beachten sind.

2. Einlassungsfrist ist die Frist zwischen Zustellung der Klage nebst Ladung und dem ersten Termin zur mündlichen Verhandlung; im Anwaltsprozesse beträgt sie mindestens zwei Wochen, in Meß- und Marktsachen mindestens 24 Stunden. Die Einlassungsfrist ist die erste Ladungsfrist.

Fristbeginn Z 221, Hemmung des Fristlaufes durch die Gerichtsferien. Verlängerung oder Abkürzung der Fristen kann durch Parteivereinbarung, ev bei erheblichen Gründen durch das Gericht erfolgen. Z 224—226.

3. Notfristen sind die in der Z ausdrücklich als Notfristen bezeichneten Fristen, gegen deren Versäumung Wiedereinsetzung in den vorigen Stand erteilt werden kann, die durch Parteivereinbarung weder verlängert noch verkürzt werden können, in den Gerichtsferien weiterlaufen, und deren Wahrung von Amts wegen zu prüfen ist.

Es gibt neun Notfristen

A. Zwei von einer Woche 1. hat die schwurpflichtige Partei den zur Parteieidleistung bestimmten Termin versäumt, so kann sie die Folge der Versäumung (Z 465) dadurch beseitigen, dass sie nachträglich bei dem Gerichte die Abnahme des Eides beantragt, dieser Antrag ist innerhalb einer Woche nach dem Termine zulässig, 2. wird eine Beschwerde gegen eine Entscheidung des Oberlandesgerichtes von diesem als unzulässig verworfen, so kann der Beschwerdeführer binnen einer Notfrist von einer Woche (Z 574_2) auf Entscheidung des Beschwerdegerichtes antragen.

B. Zwei von zwei Wochen 1. für den Einspruch gegen das Versäumnisurteil oder den Vollstreckungsbefehl (jedoch richterliche Notfrist bei ausländischer oder öffentlicher Zustellung, Z 339_2), 2. für die sofortige Beschwerde.

C Fünf von einem Monate 1. für die Berufung gegen erstinstanzliche Urteile, 2. für die Revision gegen Oberlandesgerichtsurteile, 3. für die Wiederaufnahme des Verfahrens, 4. für die Anfechtungsklage gegen das Ausschlussurteil im Aufgebotsverfahren, 5. für die Klage auf Aufhebung des Schiedsspruches, Z 1041, 1043.

§ 26. **Die Wiedereinsetzung in den vorigen Stand** kann auf Parteiantrag wegen Versäumung einer Notfrist erteilt werden:

1. überhaupt: wenn die Partei durch Naturereignisse oder andere

unabwendbare Zufälle an der Einhaltung der Notfrist verhindert worden ist,

2. bei Versäumung der Einspruchsfrist auch dann, wenn sie von der Zustellung des Versäumnisurteils ohne ihr Verschulden keine Kenntnis erlangt hat, Z 235.

Antragsfrist zwei Wochen seit Behebung des Hindernisses, Ausschlussfrist ein Jahr vom Ende der versäumten Notfrist an.

Im übrigen hat die Versäumung einer Prozesshandlung zur allgemeinen Folge, dass die Partei mit der vorzunehmenden Handlung ausgeschlossen wird.

§ 27. Unterbrechung und Aussetzung des Verfahrens, Z 239 bis 252.

I. Unterbrechung ist das infolge eines bestimmten Ereignisses notwendige Aufhören der prozessualen Tätigkeit in einem schwebenden Verfahren.

Fälle der Unterbrechung sind

1. Tod der Partei,
2. Konkurs der Partei, wenn das Verfahren die Konkursmasse betrifft,
3. wenn die Partei die Prozessfähigkeit verliert, wenn ihr gesetzlicher Vertreter stirbt oder seine Vertretungsbefugnis aufhört, ohne dass die Partei prozessfähig geworden ist,
4. Tod oder Postulationsunfähigkeit des Anwalts im Anwaltsprozesse,
5. Aufhören der Gerichtstätigkeit (iustitium, Stillstand der Rechtspflege) infolge eines Krieges oder eines anderen Ereignisses,
6. Erhebung des Konfliktes.

II. Aussetzung ist die gerichtliche Anordnung, welche ein Aufhören der prozessualen Tätigkeit in einem schwebenden Verfahren bewirkt. — Fälle der Aussetzung sind:

1 Tod oder Prozeßfähigkeitsverlust der Partei, Fortfall des gesetzlichen Vertreters, Eintritt einer Nachlaßverwaltung oder einer Nacherbfolge.

Zur Aussetzung ist erforderlich entweder Antrag des Prozessbevollmächtigten der betroffenen Partei (in allen Fällen zulässig) oder Antrag des Gegners (bei Tod, bei Nacherbfolge). — Hat die betroffene Partei keinen Prozessbevollmächtigten, dann tritt Unterbrechung ein, Z 246_1.

2. Militärdienst während eines Krieges, Aufenthalt an einem vom Verkehre abgeschnittenen Orte, Z 247 — Anordnung auf Antrag oder von Amts wegen.

3. Rücksicht auf Präjudizien.

Fälle dieser Art Erhebung einer Hauptintervention Z 65, allgemein (bei jedem präjudiziellen Rechtsstreite oder Verwaltungsverfahren) Z 148, Statussachen (Ehe, Familienstand) Aussicht auf Aussöhnung bei der Scheidungsklage Z 620, 621

Wirkungen der Unterbrechung und der Aussetzung: der Lauf einer jeden Frist hört auf, nach Beendigung der Unterbrechung oder Aussetzung beginnt die volle Frist von neuem zu laufen. Eine neue Ladung erfolgt (zwecks Aufnahme des Verfahrens) nach Wegfall des Grundes.

III Ruhen des Verfahrens tritt ein, wenn die Parteien es vereinbaren, oder wenn sie in einem Termine zur mündlichen Verhandlung nicht erscheinen, es kann jederzeit neu geladen werden. Die Fristen laufen weiter.

3. Kapitel.

Das Verfahren erster Instanz.

§ 28. **Die Erhebung der Klage** erfolgt grundsätzlich durch Zustellung der Klageschrift an den Gegner.

Ausnahmen: mündlich im Verhandlungstermine kann eine Widerklage oder eine Inzidentfeststellungsklage erhoben werden, ebenso kann an ordentlichen Gerichtstagen und im Sühnetermine die Klage (im amtsgerichtlichen Verfahren) mündlich vorgetragen werden. Dagegen kann die Klage zu Protokoll des Gerichtsschreibers (Z 496) beim Amtsgerichte zwar angebracht, aber nicht erhoben werden, auch hier geschieht die Erhebung der Klage durch Zustellung des Protokolles.

I. Die Klageschrift ist ein bestimmender Schriftsatz (kein vorbereitender), da sie die Grundlage für die Abgrenzung des Prozeßstoffes gibt.

1. Obligatorischer Inhalt der Klageschrift: Partei, Gericht, Grund, Gegenstand nebst Antrag, Anwalt (Aufforderung zur Bestellung des —s), Ladung: Z 253.

Klagegrund ist der Inbegriff von Voraussetzungen, deren Rechtsfolge der erhobene Anspruch ist. Streitig ist, ob bei dinglichen Ansprüchen die den Erwerb des dinglichen Rechtes begründenden Tatsachen anzuführen sind oder nicht · nach der Substanziierungstheorie (Stein, Planck, Reichsgericht) muss schon in der Klageschrift der Klagegrund in die einzelnen Tatsachen aufgelöst werden, nach der Individualisierungstheorie (Wach, Kohler, Hellwig, Fitting, Schmidt, Seuffert) genügt es, das Recht als solches zu bezeichnen, damit der Beklagte es von anderen Rechten des Klägers unterscheiden könne.

1 Klageantrag ist die Sachbitte des Klägers, mittels deren er das Endziel des Prozesses bezeichnet; dagegen: Prozeßbitte ist der auf die zunächst erforderliche prozessuale Handlung gerichtete Antrag, z. B. wegen Unzuständigkeit, btr. Festsetzung des Streitwertes

Instruktionell vorgeschriebener Inhalt der Klageschrift: Wert des Streitgegenstandes, ferner das für vorbereitende Schriftsätze Vorgeschriebene.

2. Vorbehalt der Ergänzung Z 254; Fristbestimmung Z 255.

3. Der Klage liegt in der Regel ein Anspruch, B 194, zugrunde, d. h. das Recht, von einem anderen ein Tun oder Unterlassen zu verlangen.

a) Anspruch im Sinne des bürgerlichen Rechtes kann sein:

α) das absolute Recht ist die Gesamtheit der darin liegenden Ansprüche gegen alle Menschen auf Unterlassung der Beeinträchtigung, im Falle der Verletzung wandelt es sich in einen positiven Anspruch auf Wiederaufhebung der Verletzung um,

β) der persönliche Anspruch geht gegen eine bestimmte Person oder eine Mehrheit bestimmter Personen.

b) Anspruch im Sinne der Z ist jede zwecks Aburteilung aufgestellte und damit zum Prozessgegenstande gemachte Rechtsbehauptung.

c) Einwendung im B ist jede Bemängelung eines Rechtes, sowohl aus reinen Rechtsgründen als auch aus tatsächlichen Gründen (in letzterem Falle: sowohl bei Negation der zur Entstehung eines Rechtes erforderlichen Tatsachen als auch wegen Einreden im prozessualen Sinne). — Dagegen ist die Einrede im B (Einrederecht) das Recht, eine geschuldete Leistung zu verweigern, und zwar α) dauernd peremtorische Einrede, β) vorübergehend: aufschiebende Einrede, γ) in der vom Gläubiger gewünschten Art (Zurückbehaltungsrecht).

d) Einrede im Z kann sein

α) Prozesseinrede als prozessualer Behelf

β) Einrede im prozessualen Sinne

αα) reine Negation der vom Kläger behaupteten Tatsachen; ββ) Einredevorbringen, d. i. alles andere tatsächliche Vorbringen, das nicht Negation der Klagtatsachen ist.

II. Feststellungsklage ist eine Klage auf Feststellung des Bestehens oder Nichtbestehens eines Rechtsverhältnisses, auf Anerkennung einer Urkunde oder auf Feststellung ihrer Unechtheit, Z 256.

Voraussetzungen der Kläger muss ein rechtliches Interesse daran haben, dass das Rechtsverhältnis oder die Echtheit oder Unechtheit der Urkunde durch richterliche Entscheidung alsbald festgestellt werde.

Inzidentfeststellungsklage ist eine in einem schwebenden erstinstanzlichen Rechtsstreite angestellte Klage mit dem Antrage, daß ein im Laufe des Prozesses streitig gewordenes Rechtsverhältnis, von dessen Bestehen oder Nichtbestehen die Entscheidung des Rechtsstreites ganz oder zum Teile abhängt, durch richterliche Entscheidung festgestellt werde, Z 280.

Die Erhebung der Inzidentfeststellungsklage geschieht seitens des Klägers durch Erweiterung des Klageantrages, seitens des Beklagten durch Erhebung einer Widerklage, und zwar nur in erster Instanz, da sonst dem Gegner eine Instanz abgeschnitten werden würde.

Beispiele eines Zwischenstreites Z 132, 214, 303, 366, 461.

III. Klage auf künftige Zahlung oder Räumung ist zugelassen, wenn die Geltendmachung einer nicht von einer Gegenleistung abhängigen Geldforderung oder die Geltendmachung des Anspruches auf Räumung einer Wohnung an den Eintritt eines Kalendertages geknüpft ist.

Bei wiederkehrender Leistung kann auch wegen der erst nach Erlassung des Urteiles fällig werdenden Leistungen Klage auf künftige Entrichtung erhoben werden.

Klage auf künftige Leistungen kann in solchen Fällen erhoben werden, wenn den Umständen nach die Besorgnis gerechtfertigt ist, dass der Schuldner der rechtzeitigen Leistung sich entziehen werde. Beispiel: der Schuldner bestreitet schon vor der Fälligkeit die Existenz der Verbindlichkeit.

IV. Wirkungen der Klageerhebung: durch die Erhebung der Klage wird die Rechtshängigkeit der Streitsache begründet; die Verfolgung des Anspruches erfolgt in diesem Rechtsstreite. Folgen der Rechtshängigkeit:

1. im bürgerlichen Rechte: a) die Verjährung wird unterbrochen, b) es entstehen Prozeßzinsen, c) der Umfang des Anspruches des Gläubigers wird begrenzt, d) die Haftung des Besitzers wird verstärkt, e) die Ersatzpflicht des Eigentümers für Aufwendungen wird normiert, f) der Anspruch des Erben gegen den Erbschaftsbesitzer wird verstärkt, g) rein persönliche Ansprüche werden vererblich.

2. nach Prozeßrecht: a) der Beklagte hat die Einrede der Rechtshängigkeit gegen ein anderweitiges Anhängigmachen der Streitsache, b) eine Veränderung der Zuständigkeit durch Veränderung der sie begründenden Umstände tritt nicht ein, c) eine Klageänderung ist grundsätzlich nicht mehr statthaft, d) eine Veräußerung der res litigiosa oder eine Abtretung des Klageanspruches ist jedoch statthaft (Z 265, 266).

V. Klageänderung ist eine Änderung des Klagegrundes oder eine Änderung des Gegenstandes der Klage.

1. Zulässigkeit der Klageänderung: nach dem Eintritte der Rechtshängigkeit ist eine Klageänderung nur zuzulassen, wenn der Beklagte einwilligt (Z 269), oder wenn nach dem Ermessen des Gerichtes durch die Klageänderung die Verteidigung des Beklagten nicht wesentlich erschwert wird. Zweck: Verhinderung der Prozeßverschleppung.

2. Keine Klageänderung liegt vor, wenn ohne Änderung des Klagegrundes: a) die tatsächlichen oder rechtlichen Anführungen ergänzt oder berichtigt werden, b) der Klageantrag in der Hauptsache oder in bezug auf Nebenforderungen erweitert oder beschränkt wird, c) statt des ursprünglich geforderten Gegenstandes wegen einer später eingetretenen Veränderung ein anderer Gegenstand oder das Interesse gefordert wird.

VI. Die Zurücknahme einer Klage ist ohne Einwilligung des Beklagten nur bis zu dessen mündlichem Verhandeln zur Hauptsache zugelassen.

Form der Zurücknahme: Erklärung in der mündlichen Verhandlung oder Zustellung eines Schriftsatzes.

Wirkung der Zurücknahme: a) der Rechtsstreit ist als nicht anhängig geworden anzusehen, b) der Kläger ist verpflichtet, die Kosten zu tragen, ev. kann der Beklagte gegen ihn ein Kostenurteil erwirken, c) der Beklagte hat gegenüber erneuter Klageerhebung eine prozeßhindernde Einrede wegen noch nicht erfolgter Kostenerstattung.

Der Beklagte kann – zwecks Vermeidung erneuter Klageerhebung — seine Einwilligung davon abhängig machen, dass der Kläger zu Protokoll auf den Anspruch verzichtet. — In der Zurücknahme des Rechtsmittels liegt gleichzeitig der Verzicht auf den Anspruch.

VII. Das Verhalten des Beklagten kann zunächst darauf sich richten, den klägerischen Angriff formell abzuwehren.

1. Einlassung des Beklagten ist seine aktive Beteiligung am Rechtsstreite, Wirkungen der Einlassung.

a) Die Einlassung in eine mündliche Verhandlung überhaupt bewirkt den Verlust α) des Ablehnungsrechtes gegen einen Richter oder Gerichtsschreiber, β) der Rüge verzichtbarer Prozessvorschriften, γ) des Rechtes auf Verhandlung vor der Kammer für Handelssachen.

b) Die Einlassung in die Verhandlung zur Hauptsache bewirkt den Verlust. α) der verzichtbaren prozesshindernden Einreden, soweit nicht Ausnahmen bestehen, β) des Einwandes der Klageänderung, γ) des Zurücknahmerechtes des Klägers, δ) der laudatio auctoris.

2. Mängel sind Eigenschaften des klägerischen Anspruches oder seines Prozedierens, die der Beklagte verteidigungsweise zu rügen hat, falls sie nicht von Amtswegen vom Gerichte zu beachten sind.

Arten der Mängel sind:

a) materielle Mängel betreffen den Prozessstoff 1. er ist mangelhaft beschaffen, z. B. ungenügend begründet, falsche Zeugen usw ; 2. er ist vom Richter mangelhaft beurteilt, z. B. falsche Rechtsanwendung, inkorrekte Beweiswürdigung usw — Folge dieser Mängel ist die Anwendung eines Rechtsmittels.

b) formelle Mängel betreffen das Verfahren: 1. die Prozessvoraussetzungen sind nicht gegeben, z. B. Prozessunfähigkeit der Partei, gesetzwidrige Gerichtsbesetzung usw , 2. ungesetzmässige Art oder Form des prozessualischen Handelns, z. B. unbeeidigte Zeugenvernehmung, Mängel der Klageschrift, der Zustellungen usw. — Folge dieser Mängel ist in der Regel die Ungültigkeit der mangelhaften Prozesshandlung.

α) unverzichtbare Mängel sind vom Parteiwillen unabhängig und von Amts wegen zu berücksichtigen, ein Verzicht auf ihre Geltendmachung ist wirkungslos. Die mangelhafte Prozesshandlung ist nichtig

β) verzichtbare Mängel sind in der Regel alle, bei denen das Gesetz nicht das Gegenteil vorschreibt; sie sind vom Parteiwillen abhängig, ein Verzicht ist wirksam, durch Versäumung der Geltendmachung werden sie einflusslos. Die Prozesshandlung wird dadurch gültig

3. Prozeßhindernde Einreden sind eine besondere Art der formellen Mängel; sie sind teils verzichtbar, teils unverzichtbar.

a) Geltendmachung: sie sind gleichzeitig (Eventualmaxime) und vor der Verhandlung des Beklagten zur Hauptsache (Präklusion) vorzubringen. Ausnahme 1. die unverzichtbaren prozesshindernden Einreden können auch nach der Einlassung und trotz eines Verzichtes vorgebracht werden, — 2. die verzichtbaren müssen bis zur mündlichen Verhandlung des Beklagten zur Hauptsache geltend gemacht werden, später sind sie nur statthaft, wenn der Beklagte glaubhaft macht, dass er ohne sein Verschulden nicht imstande gewesen ist, sie vor der Verhandlung zur Hauptsache geltend zu machen.

b) Auf Grund von prozeßhindernden Einreden kann der Beklagte die Einlassung zur Hauptsache verweigern.

Ausnahmen im Urkunden- und Wechselprozesse und im Amtsgerichtsprozesse kann die Einlassung nicht verweigert werden.

c) Die sieben prozeßhindernden Einreden, die nach Z 274 zugelassen werden, sind:

1. die Einrede der Unzuständigkeit des Gerichtes, und zwar sowohl sachlich als örtlich; sie ist unverzichtbar, soweit Prorogation ausgeschlossen ist;

2. die Einrede der Unzulässigkeit des Rechtsweges, d. h. der Beklagte behauptet, es sei nur der Verwaltungsweg offen; sie ist unverzichtbar;

3. die Einrede, daß die Entscheidung des Rechtsstreites durch Schiedsrichter zu erfolgen habe; sie ist verzichtbar;

4. die Einrede der Rechtshängigkeit; sie ist verzichtbar;

5. die Einrede der mangelnden Sicherheit für die Prozeßkosten; sie kann gegen einen klagenden Ausländer geltend gemacht werden (Z 110); sie ist verzichtbar;

6. die Einrede, daß die zur Erneuerung des Rechtsstreites erforderliche Erstattung der Kosten des früheren Verfahrens noch nicht erfolgt sei, sie ist verzichtbar;

7. die Einreden der mangelnden Parteifähigkeit, der mangelnden Prozeßfähigkeit oder der mangelnden gesetzlichen Vertretung, sie sind unverzichtbar.

Wenn der Beklagte wegen prozesshindernder Einreden die Verhandlung zur Hauptsache verweigert, so findet besondere Verhandlung und Entscheidung statt, das die prozesshindernde Einrede zurückweisende Urteil ist ein selbständig appellables Zwischenurteil, Z 275.

VIII. Die Verhandlung zur Hauptsache ist die unter Rede und Gegenrede sich vollziehende Tätigkeit der Parteien zwecks Schaffung der Urteilsgrundlage.

1. Schutz gegen Verschleppung: Z 278, 279; siehe w. o. Seite 7.

2. Widerklage ist die vom Beklagten während eines schwebenden Prozesses gegen den Kläger erhobene Klage zwecks Geltendmachung eines Anspruches, der vom klägerischen Anspruche verschieden ist.

Die Widerklage ist eine selbständige Klage und bezweckt Verurteilung des Klägers, das Verteidigungsmittel ist unselbständig und bezweckt Klageabweisung. — Konnexität der Widerklage ist — falls sonst die Zuständigkeit begründet ist — nicht erforderlich (so Kohler, Stein, Löning, dagegen Wach, Seuffert, Schmidt). — Unzulässig ist eine Widerklage im Urkunden- und Wechselprozesse, im Entmündigungsverfahren und im Arrestprozesse; in Ehesachen ist sie nur beschränkt zugelassen. – Inzidentwiderklage dient der Feststellung von Inzidentpunkten — Die Widerklage wird (statt der Aufrechnung) bei Unzulässigkeit der Aufrechnung verwendet.

IX. Vorbereitendes Verfahren in Rechnungssachen, Auseinandersetzungen und ähnlichen Prozessen, Z 348—354, ist ein Verfahren, das nicht vor dem Kollegium, sondern vor einem beauftragten Richter stattfindet

Zweck es stellt sich eine erhebliche Zahl von streitigen Ansprüchen oder von streitigen Erinnerungen gegen eine Rechnung oder ein Inventar heraus, die leichter und rascher von einem einzelnen geordnet werden können. Beispiele: Dissoziierung von Gesellschaftern, Beendigung einer Vermögensverwaltung, Bauunternehmerprozesse (Punktensachen).

1. Grundlage des vorbereitenden Verfahrens ist das Protokoll des beauftragten Richters.

Im Protokoll ist festzustellen a) welche Ansprüche erhoben und welche Angriffs- und Verteidigungsmittel geltend gemacht werden, — b) welche Ansprüche und welche Angriffs- und Verteidigungsmittel streitig oder unstreitig sind, — c) in Ansehung der bestrittenen Ansprüche und der bestrittenen Angriffs- und Verteidigungsmittel das Sachverhältnis nebst den von den Parteien bezeichneten Beweismitteln, den geltend gemachten Beweiseinreden, den abgegebenen Erklärungen über Beweismittel und Beweiseinreden und den gestellten Anträgen.

2. Das vorbereitende Verfahren ist nur im Kollegialprozesse statthaft; es wird nach Art des Amtsgerichtsprozesses durchgeführt und so lange fortgesetzt, bis der Rechtsstreit oder ein Zwischenstreit zum Urteile oder Beweisbeschlusse reif ist. — Präklusion: Z 351, 354.

X. Sühneversuch ist der Versuch des Gerichtes, den Rechtsstreit oder einzelne Streitpunkte gütlich beizulegen.

1. Zulässig ist der Sühneversuch in jeder Lage des Rechtsstreites; zwecks Sühne kann das persönliche Erscheinen der Parteien angeordnet werden.

2. Obligatorisch ist der Sühneversuch in Scheidungsklagen und bei der Klage auf Herstellung des ehelichen Lebens.

§ 29. Die Beweisaufnahme ist ein Teil der Verhandlung zur Hauptsache, Z 282.

I. Beweisen ist die Tätigkeit der Partei, durch welche dem Gericht die Überzeugung von der Richtigkeit einer Parteibehauptung beschafft werden soll.

Überzeugung ist das Bewusstsein, dass eine Vorstellung wahr ist, und zwar darum, weil gegenüber den Zweifeln die Gründe für die Wahrheit überwiegen.

Gewissheit ist das Bewusstsein, dass eine Vorstellung wahr ist, weil jeder Zweifel ausgeschlossen ist.

Beim Beweise werden beide Parteien gehört, die Überzeugung des Gerichtes bildet sich nur, wenn die Gründe des Beweisführers gut sind und vom Gegner nicht entkräftet werden können.

1. Beweismittel ist ein von der Z als geeignet anerkanntes Mittel, um den Richter von der Richtigkeit einer Parteibehauptung zu überzeugen. Das Beweismittel wirkt durch die Tatsache seines Vorhandenseins auf den Richter unmittelbar ein.

2. Beweisgrund (indicium) ist alles, was in den Erwägungen des Richters bedeutend genug ist, um zur Bildung seiner Überzeugung beizutragen.

3. Beweissurrogat ist ein Ersatz des Beweises durch den nach der Verhandlungsmaxime bindenden Willen der Parteien, z. B. ein Nichtbestreiten, ein Zugestehen.

II. Glaubhaftmachen ist die Tätigkeit der Partei, um dem Richter darzutun, daß ihre Behauptung nicht unrichtig, d. h. also wahrscheinlich sei.

1. Zulässig ist eine Glaubhaftmachung nur da, wo die Z es zuläßt; wer eine tatsächliche Behauptung glaubhaft zu machen hat, kann sich aller Beweismittel, mit Ausnahme der Eideszuschiebung, bedienen, auch zur Versicherung an Eides Statt zugelassen werden.

2. Eidesstattliche Versicherung ist ausgeschlossen: a) bei Ablehnung des Richters oder Gerichtsschreibers; b) bei Ablehnung eines Sachverständigen; c) bei Glaubhaftmachung des Wertes des Revisionsgegenstandes, Z 546, Abs 3.

3. Eine Glaubhaftmachung durch eine Beweisaufnahme, die nicht sofort erfolgen kann, ist unstatthaft.

III. Die Notwendigkeit des Beweises ergibt sich grundsätzlich daraus, daß der Angriff des Klägers auf den Widerstand oder die Verteidigung des Beklagten stößt. Die sachliche Verteidigung des Beklagten richtet sich gegen die sachlichen Grundlagen des Anspruches oder behauptet ein Gegenrecht; vgl. w o. Seite 26, 28.

a) Bestreiten der Beklagte verneint die Richtigkeit der Tatsachen, die den klägerischen Anspruch stützen sollen; bloßes Negieren ist nicht ausreichend, auch das Leugnen muß substanziiert sein, so daß der Richter weiß, nach welcher Richtung hin bestritten wird.

Arten unmittelbares Leugnen und direktes Leugnen, unbedingtes Leugnen und qualifiziertes Geständnis. – Deduktion ist das Bestreiten, das gegen die Richtigkeit des Obersatzes oder gegen die Richtigkeit des Schlusses sich richtet.

b) Einwendung (Einwand) ist die Behauptung (peremtorischer oder dilatorischer) negativ wirkender Tatsachen: der Beklagte behauptet, der klägerische Anspruch sei nicht mehr existent. Arten der Einwendungen:

α) rechtshindernde Tatsachen sind Tatsachen, die den klägerischen Anspruch überhaupt nicht haben entstehen lassen.

Beispiele. Geschäftsunfähigkeit, Beschränkung der Geschäftsfähigkeit, mangelnder Ernst, Schein, Irrtum, Betrug, Zwang, gesetzliches Verbot, Notwehr, konkurrierendes Verschulden des aus unerlaubter Handlung klagenden Klägers, Formmangel oder Widerruf der letztwilligen Verfügung.

β) rechtsvernichtende Tatsachen sind Tatsachen, die einen ursprünglich wirksamen Anspruch nach seiner Entstehung kraftlos gemacht haben.

Beispiele Eintritt einer Resolutivbedingung, Zahlung, Annahme an Erfüllungs Statt, Hinterlegung, Rücktritt, Versäumung der Schadensanzeige bei Versicherungen und bei der Einbringung von Sachen bei Gastwirten, B 864 Abs. 2, Fehlen der schriftlichen Mitteilung nach B 416, Aufrechnung, Stundung,

c) Einrede ist ein Gegenrecht des Beklagten, der Beklagte läßt den Anspruch des Klägers unbestritten oder gesteht ihn zu, behauptet aber, daß ihm selbst ein Gegenrecht zustehe, kraft dessen der an sich zu Recht bestehende Klageanspruch beseitigt wird.

Beispiele exceptio rei iudicatae, exceptio doli, exceptio pacti de non petendo, exceptio non adimpleti contractus, beneficium excussionis, beneficium competentiae, beneficium inventarii, Zurückbehaltungsrecht, Verjährung.

IV. Beweislast ist die einer Partei obliegende Pflicht, eine von ihr aufgestellte Behauptung dem Richter zu beweisen.

Gemeinrechtliche Sätze:
Ei incumbit probatio, qui dicit, non qui negat (bestreitet), — semper necessitas probandi incumbit illi qui agit, — in exceptionibus dicendum est, reum partibus actoris fungi oportere; excipiendo reus fit actor

1. Die Beweislast bezieht sich nicht auf Rechtssätze, denn iura novit curia (Ausnahme: Z 293), — dagegen auf Tatsachen, die den Anspruch des Klägers oder ein Gegenrecht des Beklagten (exceptio, Einrede) begründen. Erstere hat der Kläger, letztere der Beklagte zu beweisen.

2. Verteilung der Beweislast bei Nebenabreden, wenn nämlich der Beklagte behauptet, das Klagegeschäft sei abgeschlossen unter.

a) der Abrede eines bestimmten Preises, nicht aber, wie der Kläger behauptet, zu einem (höheren) angemessenen Preise,

b) einer Befristung der Zahlung,

c) einer aufschiebenden Bedingung,

d) einer Abrede über gewisse Eigenschaften der vom Kläger zu liefernden Sache.

Nach der Leugnungstheorie (Stölzel, Reichsgericht) hat die Beweislast der Kläger für den vollständigen Inhalt des Rechtsgeschäftes, also auch für das Nichtvorhandensein der unter a—d angeführten Nebenabreden.

Nach der Einredetheorie (Fitting, Betzinger, Staub) sind die Abreden unter a—d vom Beklagten zu beweisen.

3. Die Beweislast ist im B kasuistisch geregelt; dagegen waren im I. Entwurfe §§ 193—198 allgemeine Regeln aufgestellt.

1. Ausdrückliche Regelung der Beweislast: B 282, 345, 358, 636, 2336.

2. Nichtausdrückliche Regelung:

a) Eine Regel hat zu beweisen, wer auf die Regel sich beruft.

b) Für den Beweis von Ausnahmen gilt:

α) ist die Ausnahme in einem besonderen Satze enthalten („ausgenommen", „ausgeschlossen", „dies gilt nicht"), dann ist sie von dem auf die Ausnahme sich Berufenden zu beweisen.

Beispiele: B 9, 831, 911, 1345_2, 1521, 1974, 2013;

β) ist die Ausnahme mit den Worten „es sei denn, dass" der Regel hinzugefügt, dann ebenso wie zu *α*.

Beispiele: B 145, 153, 876, 1319, 1974, 2169;

γ) zur Beweislast der gesetzlichen Regel gehören die Nebensätze, die ihr mit „wenn", „sofern", „soweit" beigefügt sind.

Beispiele: B 123, 234, 392, 2060.

Jedoch ist, wenn dieser Konditionalsatz negativ ist, zu unterscheiden:

aa) die Negation steht unmittelbar hinter „wenn" (oder nur durch „er", „sie", „es", „sich" davon getrennt): dann ist die Negative von dem auf die Regel sich Berufenden nicht zu beweisen.

Beispiele B 181, 345, 777, 867, ferner B 179, 460, 803, —

bb) das „nicht" steht weiter hinten im Konditionalsatze: wer auf die Regel sich beruft, hat den Konditionalsatz mitzubeweisen.

Beispiele: B 60, 111, 229, 293, 1160, 2288.

3. Vermutungen ohne Ausschluss des Gegenbeweises: B 18, 19, 20, 484, 891, 938; sie kehren die Beweislast um.

4. „im Zweifel": B 700.

5. Fiktionen: B 84, 1923.

V. Der Beweis ist nicht erforderlich:

1. bei Notorietät, d. h. wenn eine Tatsache bei Gericht offenkundig (notoria) ist;

2. bei Nichtbestreiten der Parteibehauptung seitens des Gegners; jedoch kann in der nächsten Instanz das Bestreiten nachgeholt werden;

3. bei gerichtlichem Geständnisse, d. h. Erklärung vor Gericht (in der mündlichen Verhandlung oder zu Protokoll des Richterkommissars), daß eine vom Gegner behauptete Tatsache richtig ist, Z 288, 289.

Das gerichtliche Geständnis ist Beweissurrogat, nicht Beweismittel; der Zugestehende disponiert über das streitige Recht dadurch, dass er dem Gegner den Beweis erlässt, das aussergerichtliche Geständnis ist nur ein Beweisgrund. — Das Geständnis bezieht sich nur auf eine einzelne Tatsache; das Anerkenntnis (siehe w u. 4) bezieht sich auf den Anspruch selbst; daher müsste trotz eines Geständnisses noch geprüft werden, ob der Anspruch durch die Tatsachen gestützt wird, siehe w. u. wegen des Versäumnisurteiles Seite 36. — Das Geständnis ist unwiderruflich (aber Z 290); Nichtbestreiten in erster Instanz kann in der Berufungsinstanz nachgeholt werden. — Das Geständnis im Z macht vollen Beweis, dagegen unterliegt es im C der freien Beweiswürdigung. (Ausnahmen im Z: in Familiensachen.)

4. bei Anerkenntnis, d h. wenn der Beklagte den geltendgemachten Anspruch als zu Recht bestehend bezeichnet. Es ergeht das (nicht kontradiktorische) Anerkenntnisurteil (agnitoria).

VI. Beweisantretung: jede Partei hat unter Bezeichnung der Beweismittel, deren sie zum Nachweise oder zur Widerlegung tatsächlicher Behauptungen sich bedienen will, den Beweis anzutreten und über die von der Gegenpartei angegebenen Beweismittel sich zu erklären.

1. Arten des Beweises sind: natürlicher Beweis (das Beweismittel betrifft unmittelbar die zu beweisende Tatsachenbehauptung) und künstlicher Beweis (aus der bewiesenen Tatsache läßt sich ein das Beweisthema treffender Schluß ziehen).

Bei inneren Tatsachen, z. B. Vorsatz, ist nur künstlicher Beweis möglich; ebenso bei solchen Tatsachen, die gewöhnlich ohne Zeugen vorgenommen werden, z. B. bei Beischlaf.

2. Beweiseinreden sind Einwendungen gegen die Zuläßigkeit und Wirksamkeit von Beweismitteln oder sollen deren Glaubwürdigkeit erschüttern; Beweismittel und Beweiseinreden können bis zur letzten mündlichen Verhandlung vorgebracht werden.

3. Verhandlung über das Ergebnis der Beweisaufnahme, Z 284

§ 30. Das Urteil. — I. Die Entscheidungen zerfallen in Urteile, Beschlüsse, Verfügungen. Urteil ist der Ausspruch des erkennenden Gerichtes

Beschlüsse und Verfügungen sind alle übrigen, ein Erkenntnis nicht enthaltenden Aussprüche des Gerichtes, und zwar Beschlüsse gehen vom Gericht als solchem aus, Verfügungen vom Vorsitzenden oder beauftragten oder ersuchten Richter; die Verfügungen regeln gewöhnlich nur den äusseren Fortgang des Prozesses

Arten der Urteile sind Endurteile und Zwischenurteile.

1. Das Endurteil gibt eine Endentscheidung, es schließt den Rechtsstreit für eine Instanz ab, und zwar: vollständig (Vollurteil) oder für einen Teil (Teilurteil). Gegen Endurteile sind grundsätzlich die Rechtsmittel (Berufung und Revision) zugelassen; nur gegen Versäumnisurteile gibt es nicht Rechtsmittel, sondern Einspruch. — Grundsätze über das Teilurteil: Z 301, ferner Z 307, 353_2.

2. Zwischenurteil ist jedes Urteil, das nicht Endurteil ist; das Teilurteil erledigt den Rechtsstreit quantitativ, das Zwischenurteil erledigt ihn qualitativ.

Arten der Zwischenurteile

a) Gewöhnliche Zwischenurteile sind solche Zwischenurteile, die nur zusammen mit dem Endurteile angefochten werden können; sie können ergehen, wenn ein einzelnes selbständiges Angriffs- oder Verteidigungsmittel oder ein Zwischenstreit zur Entscheidung reif ist.

b) Zwischenstreiturteile sind Zwischenurteile über einen Zwischenstreit, der zwischen der Partei und einem Dritten schwebt, selbständig mit sofortiger Beschwerde sind anfechtbar: die Zwischenstreiturteile über einen Zwischenstreit zwischen der Partei und einem Dritten, nämlich α) über Zulassung der Nebenintervention, β) über die Rückgabe von Urkunden seitens des Rechtsanwaltes, γ) über das Zeugnisverweigerungsrecht.

c) Selbständig appellable Zwischenurteile sind die Zwischenurteile, die hinsichtlich der Rechtsmittel als Endurteile gelten α) über prozesshindernde Einreden, β) wenn bei einem nach Grund und Betrag streitige Anspruche über den Grund vorab entschieden wird, γ) wenn dem Rechtsnachfolger einer verstorbenen Partei die durch Zwischenstreit verlangte Aufnahme des Prozesses nicht zugestanden wird.

d) Vorbehaltsurteile sind Zwischenurteile, die in betreff der Rechtsmittel und Zwangsvollstreckung als Endurteile anzusehen sind. Die Vorbehaltsurteile beendigen die Instanz nicht, vielmehr kann ein Nachverfahren stattfinden, in welchem der Beklagte von dem Vorbehalte Gebrauch macht. — Fälle des Vorbehaltsurteils α) wenn der Beklagte die Aufrechnung einer illiquiden Gegenforderung geltend macht, die mit der Klageforderung nicht in rechtlichem Zusammenhange steht, so kann über die liquide Klageforderung ein Urteil unter Vorbehalt der Entscheidung über die Aufrechnung erfolgen (auch in zweiter Instanz), β) das Berufungsurteil unter Vorbehalt der Geltendmachung solcher Verteidigungsmittel, die wegen nachträglichen Vorbringens auf Antrag zurückgewiesen sind, γ) wenn der Beklagte dem im Urkunden- und Wechselprozesse geltend gemachten Anspruche widersprochen hat, so ist ihm in jedem Verurteilungsfalle die Ausführung seiner Rechte vorzubehalten.

Eine andere Einteilung unterscheidet echte (zu a) und unechte (zu b—d) Zwischenurteile.

3. Kontradiktorische Urteile sind die auf Grund einer streitigen mündlichen Verhandlung ergehenden Urteile.

Die nicht kontradiktorischen Urteile sind Abweisungsurteile wegen Verzichts (Z 306), agnitoria (Anerkenntnisurteile, Z 307), Versäumnisurteile.

4. Bedingte Urteile sind Urteile, die alternativ gefaßt sind, und deren endgültige Fassung von dem Eintritte einer (für die Alternative gesetzten) Bedingung abhängt.

Beispiel. Kläger soll folgenden Eid leisten „Ich schwöre usw., es ist nicht wahr, dass . . .", schwört Kläger diesen Eid, so wird der Beklagte verurteilt . . ., im Nichtschwörungsfalle wird die Klage abgewiesen und der Kläger verurteilt, die Kosten zu tragen.

Läuterungsurteil (purificatoria) ist das Urteil, welches die Folge der Leistung oder Verweigerung des Eides ausspricht.

II. Verkündung der Urteile Z 310—312. — Inhalt des Urteiles: Z 313; über Unterschrift und Abfassung: Z 315. — Z 316—318.

1. Der Tatbestand des Urteiles liefert rücksichtlich des mündlichen Parteivorbringens Beweis, dieser Beweis kann nur durch das Sitzungsprotokoll entkräftet werden.

2. Berichtigung Z 319, 320; Ergänzung Z 321.

3. Anerkennung ausländischer Urteile Z 328.

III. Rechtskraft (res iudicata) im formellen Sinne: die Entscheidung ist durch Rechtsmittel oder Einspruch nicht mehr anzufechten; Z 322—327.

1. Wirkungen der formell rechtskräftigen Entscheidung:

a) positiv: nur bei Gestaltungsurteilen (Ehescheidung, Nichtigkeit) und bei Leistungsurteilen (Zuerkanntes ist erworben).

b) negativ (materielle Rechtskraft): bei allen Entscheidungen (auch bei absolutio ab actione und beim Feststellungsurteile): bis de eadem re ne sit actio (exceptio rei iudicatae).

α) Gegenstand der Rechtskraft (objektive Identität), Z 322: Urteile sind der Rechtskraft nur insoweit fähig, als über den durch Klage oder Widerklage erhobenen Anspruch entschieden ist; ebenso ist eine inzidenter erfolgte Zurückweisung der Aufrechnungseinrede rechtskräftig.

Savigny nicht nur die Entscheidung über den Klagantrag, sondern auch die Urteilselemente (die objektiven Entscheidungsgründe), die gelegentlich des Hauptprozesses mitentschieden sind, werden rechtskräftig. — Diese Theorie ist in der Z nicht angenommen worden.

β) Subjektive Begrenzung der Rechtskraft (subjektive Identität, Z 325—327): das Urteil gilt grundsätzlich nur unter den Parteien und den nach Rechtshängigkeit eintretenden Rechtsnachfolgern, Gestaltungsurteile wirken für und gegen alle (Z 629, 643).

2. Ist ein Urteil formell rechtskräftig geworden und ist Wiederaufnahme des Verfahrens (Z 578—591) nicht möglich, so bleibt dieses Urteil bestehen.

§ 31. Versäumnisverfahren. I Versäumnisurteil ist das gegen eine ausbleibende Partei ergehende Urteil.

1. Erfordernisse des Versäumnisurteiles gegen den Beklagten sind Klage, Ladung, Säumnis des Beklagten, Antrag des Klägers auf Versäumnisurteil; es wird nicht Anerkenntnis fingiert, sondern Geständnis, daher muß der Richter prüfen, ob die Klage schlüssig ist. — Säumnis liegt vor, wenn eine Partei unentschuldigt in der mündlichen Verhandlung nicht erscheint, oder wenn sie zwar erscheint, aber nicht verhandelt. Wenn die Partei verhandelt, aber über Tatsachen, Urkunden oder Eideszuschiebungen sich nicht erklärt, dann ist ein Versäumnisurteil nicht zulässig

2. Zurückweisung des Antrages des Klägers Z 335 (hiergegen sofortige Beschwerde: Z 336); Vertagung von Amts wegen Z 337.

3. Beim Versäumnisurteil gegen den Kläger hat der Beklagte (bei Nichterscheinen des Klägers) die Zustellung der Ladung nachzuweisen, das Urteil geht auf Klagabweisung und Kosten

Gegensatz: bei Kontumaz (heutiges Versäumnisverfahren) wird Geständnis angenommen, beim Eremodizialverfahren (Band S 19) muss alles bewiesen werden.

II. Gegen das Versäumnisurteil hat die Partei, gegen welche es erlassen ist, einen Rechtsbehelf, den Einspruch Z 338, binnen einer Notfrist von 2 Wochen Z 339_1 (bei Zustellung im Auslande: richterliche Notfrist Z 339_2); — Berufung findet nicht statt Z 513_1.

1. Einlegung des Einspruches durch Schriftsatz Z 340, Zulässigkeit

ist von Amts wegen zu prüfen Z 341; ein nicht statthafter Einspruch wird durch Beschluß als unzulässig verworfen.

2. Wirkung des Einspruchs: Zurückversetzung des Prozesses in die Lage vor Eintritt der Versäumnis, Z 342.

3. Entscheidung (nach erfolgtem Einspruche) im Einspruchstermine:

a) bei Erscheinen des Einsprechers: entweder Aufrechterhaltung des Versäumnisurteils (wenn es auch nach dieser Verhandlung gerechtfertigt erscheint) oder Aufhebung und neue Entscheidung Z 343; Kosten der Säumnis trägt der Einsprecher Z 344;

b) bei Säumnis des Einsprechers im Einspruchstermine erfolgt Verwerfung des Einspruches durch ein zweites Versäumnisurteil Z 345; hiergegen kein weiterer Einspruch; — vorläufige Vollstreckbarkeit auch ohne Antrag Z 708 Nr. 3.

III. Ist gegen das Versäumnisurteil ein Einspruch an sich nicht statthaft (Z 238_2, Z 345), so kann die säumige Partei Berufung einlegen, aber diese nur darauf stützen, daß der Fall der Versäumung nicht vorgelegen habe Z 513_2.

§ 32. **Das Beweisverfahren.** I. Die Beweisaufnahme erfolgt in der Regel vor dem Prozeßgerichte; nur in besonderen gesetzlich bestimmten Fällen darf eine Ausnahme hiervon stattfinden. — Beweismittel der Z sind: Augenschein, Zeugen, Sachverständige, Urkunden, Eid.

1. Der Beschluß über die Art der Beweisaufnahme ist unanfechtbar.

2. Die Anwesenheit der Parteien bei der Beweisaufnahme ist gestattet, aber nicht erforderlich (Z 367).

Ein Beweisbeschluss ist zu erlassen, wenn die Beweisaufnahme ein besonderes Verfahren erfordert, d. h. in demselben Termine nicht mehr stattfinden kann. Inhalt des Beweisbeschlusses. Z 359. — Besondere Fälle: Beweisaufnahme vor dem ersuchten und beauftragten Richter Z 361, 362, 365, 366. — Beweisaufnahme im Auslande Z 363, 364, 369. — Termine: Z 368, 370.

3. Fristsetzung zwecks Präklusion: Z 356.

II. Beweis durch Augenschein nach Z 371, 372. Augenschein ist die sinnliche Wahrnehmung des Richters zum Zwecke des Erkennens des Vorhandenseins oder der Beschaffenheit eines bestimmten Verhältnisses oder Gegenstandes.

1. Reproduzierbare Gegenstände werden an Gerichtsstelle gebracht; nicht reproduzierbare werden an Ort und Stelle besichtigt.

2. Die Beweisantretung erfolgt durch die Bezeichnung des Gegenstandes des Augenscheines und durch die Angabe der zu beweisenden Tatsachen.

3. Die Beweisaufnahme erfolgt durch die sinnliche Wahrnehmung des Gerichtes (oder gemäß Z 372).

4. Der Augenschein kann von Amts wegen angeordnet werden: Z 3, 144.

III. Zeugenbeweis nach Z 373—401. Zeuge ist eine dritte, als

Partei nicht beteiligte Person, die dem Gerichte ihr Wissen von tatsächlichen, selbst wahrgenommenen oder selbst erfahrenen Vorgängen mitteilt.

Der Zeuge wird über Tatsachen gehört; er hat nicht ein Urteil abzugeben. – Gegensatz der Zeuge berichtet, es besteht allgemeine Zeugnispflicht, der Kreis der Zeugen ist von vornherein beschränkt, der Zeuge hört die Aussagen der Vorzeugen nicht an, der Zeuge erhält nicht eine Entschädigung für Mühewaltung, — der Sachverständige urteilt, nur unter bestimmten Voraussetzungen besteht eine Pflicht zur Erstattung von Gutachten, der Kreis der Sachverständigen ist grundsätzlich unbeschränkt, bei der ganzen Verhandlung ist der Sachverständige zugegen (er erhält ev. die Gerichtsakten), der Sachverständige erhält Gebühren. — Sachverständiger Zeuge ist eine Person, die über vergangene Tatsachen oder Zustände aussagt, zu deren Wahrnehmung eine besondere Sachkunde erforderlich war

1. Die Beweisantretung erfolgt durch die Benennung der Zeugen und die Bezeichnung der Tatsachen, über welche die Vernehmung der Zeugen stattfinden soll. — Vernehmung neuer Zeugen: Z 374.

2. Die Beweisaufnahme erfolgt durch die Abhörung des Zeugen vor dem Prozeßgerichte. Ausnahmen: vor dem ersuchten oder beauftragten Richter Z 375_1, Vernehmung von Landesherren usw. in ihrer Wohnung Z 375_2, von öffentlichen Beamten Z 376. — Die Ladung des Zeugen erfolgt gemäß Z 377—382.

3. Zeugnispflicht ist eine allgemeine Pflicht, der alle im Territorium des Staates anwesenden Personen (Staatsbürger und Ausländer) unterworfen sind, und von der nur kraft besonderer gesetzlicher Vorschrift Befreiung eintritt.

a) Berechtigt zur Zeugnisverweigerung sind, Z 383:

α) Der Verlobte einer Partei und ebenso der Ehegatte, auch wenn die Ehe nicht mehr besteht, — ferner Verwandte, Verschwägerte und Adoptierte in gerader Linie, Seitenverwandte bis zum dritten Grade und Seitenverschwägerte bis zum zweiten Grade (auch wenn die verschwägernde Ehe nicht mehr besteht). – Diese Personen sind vor der Vernehmung über das Zeugnisverweigerungsrecht zu belehren.

β) Geistliche bzgl. der Seelsorgegeheimnisse und alle Personen, denen Berufsverschwiegenheit obliegt. — Bei diesen Personen sollen, wenn sie das Zeugnis nicht verweigern, gleichwohl nicht solche Fragen gestellt werden, zu deren Verschweigung sie verpflichtet sind. – Werden sie von der Verschwiegenheit entbunden, so müssen sie aussagen, Z 385, Abs. 2.

b) Einzelne Fragen, deren Beantwortung verweigert werden kann, Z 384, weil sie

α) dem Zeugen oder seinen nahen Angehörigen (unter a α) einen unmittelbaren vermögensrechtlichen Schaden verursachen würde,

β) dem Zeugen oder seinen nahen Angehörigen zur Unehre gereichen oder die Gefahr strafgerichtlicher Verfolgung zuziehen würde,

γ) zur Offenbarung eines Kunst- oder Gewerbegeheimnisses führen würde.

c) In den Fällen zu a α und zu b α darf das Zeugnis nicht verweigert werden, Z 385, über:

α) die Errichtung und den Inhalt eines Rechtsgeschäftes, bei welchem der Zeuge Solennitätszeuge war,

β) Geburten, Heiraten, Sterbefälle von Familienmitgliedern,

γ) Tatsachen, welche die durch das Familienverhältnis bedingten Vermögensangelegenheiten betreffen,

δ) die auf das streitige Rechtsverhältnis sich beziehenden Handlungen, welche vom Zeugen selbst als Rechtsvorgänger oder Vertreter einer Partei vorgenommen sein sollen.

d) Verfahren bei der Zeugnisverweigerung Z 386—390.

4. Jeder Zeuge ist einzeln und vor seiner Vernehmung zu beeidigen.

a) Die Eidesleistung erfolgt promissorisch als Voreid, nur aus besonderen Gründen, namentlich wenn Bedenken gegen ihre Zulässigkeit obwalten, kann die Beeidigung bis nach Abschluss der Vernehmung (assertorisch, Nacheid) ausgesetzt werden. Die Parteien können auf die Beeidigung verzichten. — Eidesformel Z 392

b) Unbeeidigt sind zu vernehmen: noch nicht 16 Jahre alte Personen oder solche, die kein Verständnis für die Bedeutung des Eides haben, ferner nach S 161 Eidesunfähige, ferner zeugnisverweigerungsberechtigte Personen, die von diesem Rechte keinen Gebrauch machen, endlich unmittelbar am Ausgange des Prozesses Beteiligte.

c) Hergang bei der Vernehmung des Zeugen: Z 394—400; Gebühren: Z 401 und Gebührenordnung vom 30. 6. 1878, in neuer Fassung vom 20. 5. 1898.

IV. Sachverständiger ist ein Unbeteiligter, der vermöge besonderer Kenntnisse oder Fertigkeiten das Gericht in der Wahrnehmung oder Beurteilung bestimmter Verhältnisse unterstützt, der Sachverständige ist nicht Richter, sondern Gehilfe des Richters; — Z 402—413.

Verpflichtet zur Erstattung des Gutachtens ist der vom Gerichte Ernannte, wenn er zur Erstattung von Gutachten der erforderten Art öffentlich bestellt ist, oder wenn er die Wissenschaft, die Kunst oder das Gewerbe, deren Kenntnis Voraussetzung der Begutachtung ist, öffentlich zum Erwerbe ausübt, wenn er zu deren Ausübung öffentlich bestellt oder ermächtigt ist, oder wenn er zur Erstattung des Gutachtens vor Gericht sich bereit erklärt hat.

Ablehnung des Sachverständigen Z 406, Verweigerungsrecht: Z 408; Zwang: Z 409, Beeidigung Z 410, Gebühren Z 413.

Gutachten von Amts wegen Z 3, 144, 287, 372, 412, 442.

1. Beweisantrag erfolgt durch die Bezeichnung der zu begutachtenden Punkte; die Auswahl der zuzuziehenden Sachverständigen erfolgt durch das Prozeßgericht (Z 404).

2. Beweisaufnahme erfolgt durch Befragung des Sachverständigen, Z 405. 411, 412.

V. Urkunde im weiteren Sinne ist jeder zum Beweise bestimmte oder geeignete Gegenstand, Z 415—444.

Urkunde nach Z (documentum) ist nur die schriftliche Urkunde; andere Gegenstände, z. B. Grenzsteine, sind nach freier Beweiswürdigung zu beurteilen. — Urkunde nach S (monumentum) ist Urkunde im weiteren Sinne.

1. Urkunden über Erklärungen Z 415, 416, und zwar. öffentliche Urkunden begründen vollen Beweis des durch die beurkundende Behörde oder die Urkundsperson beurkundeten Vorganges, jedoch ist der Beweis unrichtiger Beurkundung zulässig; Privaturkunden, die vom Aussteller unterschrieben sind, begründen vollen Beweis dafür, daß die in ihnen enthaltenen Erklärungen vom Aussteller abgegeben sind.

Urkunden über behördliche Verfügungen Z 417.

Urkunden über Tatsachen Z 418.
Mängel der Urkunde Z 419, Beweis der Echtheit Z 437—443.

2. Die Beweisantretung erfolgt, wenn die Urkunde sich befindet:

a) beim Beweisführer: durch Vorlegung;

b) beim Gegner: durch den Antrag, dem Gegner die Vorlegung der Urkunde aufzugeben (Z 422—427, 444);

c) bei einem Dritten: durch den Antrag, zur Herbeischaffung der Urkunde eine Frist zu bestimmen (Z 428—431);

d) bei einer öffentlichen Behörde: durch den Antrag, die Behörde oder den Beamten um die Mitteilung der Urkunde zu ersuchen (Z 432).

3. Die Beweisaufnahme erfolgt durch Vortrag des Inhaltes der Urkunde seitens des Beweisführers.

Verspätete Vorbringung Z 433. — Einzelheiten Z 434—436.

VI. Beweis durch Eid (d. i. feierliche Wahrheitsversicherung) ist ein subsidiäres Beweismittel nach Z 445—477. Die Arten des Eides sind:

1. zugeschobener Eid (Schiedseid): die Eideszuschiebung (im Werte eines bedingten gerichtlichen Geständnisses) enthält die Aufforderung an den Gegner, er solle eine Behauptung des Zuschiebers als unwahr oder als nicht wahr (durch Eid) hinstellen;

2. richterlicher Eid (Noteid) ist nicht ein Beweismittel der Parteien, sondern wird vom Richter auferlegt, um seine Überzeugung in Zweifelsfällen zu stärken.

A. Der Schiedseid nach Z 445—474.

a) Zulässigkeit: die Eideszuschiebung ist nur über Tatsachen zulässig, die in Handlungen des Gegners, seiner Rechtsvorgänger oder Vertreter bestehen, oder die Gegenstand der Wahrnehmung dieser Personen gewesen sind.

Unzulässig ist die Eideszuschiebung über eine Tatsache, deren Gegenteil das Gericht für erwiesen erachtet.

Die Zurückschiebung ist nur insofern zulässig, als die Zuschiebung desselben Eides zulässig sein würde; sie findet nicht statt, wenn die Partei, welcher der Eid zugeschoben ist, nicht aber die Gegenpartei, über ihre eigene Handlung oder Wahrnehmung zu schwören haben würde. — Z 449, 450.

Gewissensvertretung ist zugelassen, d. h. nach erfolgter Zuschiebung können stets noch neue Beweismittel (z. B. Zeugen, Urkunden) angeführt und die Zuschiebung zurückgenommen werden.

b) Die Beweisantretung erfolgt durch die Erklärung, daß dem Gegner über die bestimmt zu bezeichnende Tatsache der Eid zugeschoben werde. Erklärung über den Eid Z 452—458.

c) Eidesnorm, d. i. der Wortlaut des auszuschwörenden Eides, kann verschieden gestaltet sein:

α) Wissenseid (de veritate, Veritätseid): „daß die Tatsache wahr oder nicht wahr sei";

β) Überzeugungseid in zwei Formen, nämlich als Kredulitätseid (de credulitate): „daß er nach sorgfältiger Prüfung und Erkundigung die Überzeugung erlangt habe, daß die Tatsache wahr oder nicht wahr sei"; — oder als Ignoranzeid (de ignorantia): „daß er nach sorgfältiger Prüfung und Erkundigung die Überzeugung erlangt oder nicht erlangt habe, daß die Tatsache wahr sei"

Nach Stölzel ist bei der Eideszuschiebung über mehrere Behauptungen zu beachten: über kumulative Behauptungen ist der Eid alternativ zu normieren, über alternative Behauptungen ist der Eid kumulativ zu normieren.

d) Die Beweisaufnahme erfolgt durch Abnahme (Ausschwören) des grundsätzlich in bedingtem Endurteile aufzuerlegenden Eides (Z 460).

Jedoch Ausnahmen. der Schiedseid wird durch Beweisbeschluss auferlegt: 1. wenn die Parteien über die Erheblichkeit und die Norm des Eides einverstanden sind, 2 wenn der Eid zur Erledigung eines Zwischenstreites dient, 3. wenn die Entscheidung über einzelne selbständige Angriffs- und Verteidigungsmittel von der Leistung eines Eides abhängt (hier ist auch bedingtes Zwischenurteil zulässig), 4. im Urkunden- und Wechselprozesse.

e) Form des bedingten Endurteiles siehe w. o. Seite 35; Wirkung der Eideszuschiebung: Z 463—470, besondere Fälle: Z 471—474.

B. Der Noteid (Z 475—477) wird stets durch bedingtes Endurteil oder Zwischenurteil auferlegt (also nie im Urkunden- und Wechselprozesse); er kann Reinigungseid oder Erfüllungseid sein.

VII. Verfahren bei der Abnahme von Eiden: Z 478—484.

VIII. Sicherung des Beweises (Beweis zum ewigen Gedächtnisse, in aeternam memoriam, antizipierte Beweisaufnahme): Z 485—494

§ 33. Der Amtsgerichtsprozeß ist ein vereinfachter, dem Verfahren vor den Landgerichten nachgebildeter Parteiprozeß; jedoch besteht kein Anwaltszwang, die Formen sind einfacher, das Gericht greift vom Amts wegen mehr ein.

1. Die Klageerhebung erfolgt durch Zustellung der schriftlich oder zu Protokoll angebrachten Klage; an ordentlichen Gerichtstagen auch mündlich. Siehe w. o. Seite 26.

2. Eine Verlesung der Sachanträge der Parteien ist nicht erforderlich, der Amtsrichter hat bei der mündlichen Verhandlung darauf hinzuwirken, daß die Parteien über alle erheblichen Tatsachen sich vollständig erklären und die sachdienlichen Anträge stellen. Wegen prozeßhindernder Einreden kann die Einlassung zur Hauptsache nicht verweigert werden; bei einer Zuständigkeitsveränderung gilt Z 505; siehe ferner Z 506. Sühneversuch Z 510.

4. Kapitel.

Rechtsmittel und Rechtsbehelfe.

§ 34. Die Berufung findet gegen die in erster Instanz erlassenen Endurteile statt, also gegen Amtsgerichtsurteile ans Landgericht, gegen erstinstanzliche Landgerichtsurteile ans Oberlandesgericht.

Gegensatz. die Berufung stützt sich auf tatsächliche oder auf rechtliche Rügen, sie rollt den ganzen Prozess von neuem auf, ihr Zweck ist, ein novum iudicium herbeizuführen, die Revision ist revisio in iure und bezweckt nur die Nachprüfung, ob das Gesetz verletzt ist.

Rechtsmittel im Z sind (abgesehen von der Beschwerde) · Berufung (zweimal, nämlich gegen alle erstinstanzlichen Urteile) und Revision (einmal, nämlich nur gegen Oberlandesgerichtsurteile). – Rechtsmittel in der C sind Berufung (einmal, nämlich nur gegen Schöffenurteile) und Revision (zweimal, nämlich gegen erst- und zweitinstanzliche Strafkammerurteile und gegen Schwurgerichtsurteile). Einlegung erfolgt im Z beim iudex ad quem, in der C beim iudex a quo, im Z beträgt die Notfrist einen Monat, in der C beträgt die Frist eine Woche.

1. Zulässigkeit der Berufung: Z 511—515.

2. Einlegung der Berufung: Z 516—520, Notfrist: ein Monat seit der Zustellung des erstinstanzlichen Urteiles.

3. Anschlußberufung · Z 521, 522.

4. Verfahren in der Berufungsinstanz: Z 523—544.

§ 35. **Die Revision** findet gegen die oberlandesgerichtlichen Berufungsurteile an das Reichsgericht statt; die summa revisibilis bei vermögensrechtlichen Streitigkeiten beträgt 2500 Mark.

1. Die Revision kann nur darauf gestützt werden, daß die Entscheidung auf der Verletzung eines Reichsgesetzes oder eines Gesetzes, dessen Geltungsbereich über den Bezirk des Berufungsgerichtes hinaus sich erstreckt, beruhe (Kausalprinzip), das Gesetz ist verletzt, wenn eine Rechtsnorm nicht oder nicht richtig angewendet worden ist.

In sieben Fällen besteht stets eine Gesetzesverletzung (absolutes Prinzip):

a) wegen unvorschriftsmässiger Besetzung des Gerichtes,

b) bei Mitwirkung eines kraft Gesetzes ausgeschlossenen Richters, wofern nicht ein darauf gestütztes Ablehnungsgesuch erfolglos war,

c) wenn ein wegen Befangenheit abgelehnter Richter mitgewirkt hat, obwohl das Ablehnungsgesuch für begründet erachtet worden ist,

d) wenn das Gericht zu Unrecht seine Zuständigkeit oder seine Unzuständigkeit angenommen hat,

e) wenn die Partei nicht vorschriftsmässig vertreten war, sofern sie nicht die Prozessführung ausdrücklich oder stillschweigend genehmigt hat,

f) bei Verletzung der Vorschriften über die Öffentlichkeit,

g) wenn das Urteil nicht mit Gründen versehen ist.

2. Einlegung der Revision Z 552—556; Notfrist: ein Monat seit der Zustellung des Berufungsurteiles Die Einlegung erfolgt durch Einreichung der Revisionsschrift beim Revisionsgerichte; die Revisionsschrift wird dem Gegner von Amts wegen zugestellt.

3. Verfahren in der Revisionsinstanz. Z 557—566. Die Revisionsbegründung muß binnen eines Monats erfolgen.

§ 36. **Die Beschwerde** ist ein Rechtsmittel; sie findet in den in der Z besonders hervorgehobenen Fällen statt und ferner stets gegen solche eine vorgängige mündliche Verhandlung nicht erfordernde Entscheidungen, durch welche ein das Verfahren betreffendes Gesuch zurückgewiesen ist, Z 567, Abs. 1.

Hiervon besteht jedoch die Ausnahme, dass gegen die in betreff der Prozesskosten erlassenen Entscheidungen der Oberlandesgerichte eine Beschwerde nicht zulässig ist, Z 567, Abs. 2.

I. Über die Beschwerde entscheidet grundsätzlich das im Instanzenzuge zunächst höhere Gericht (Beschwerdegericht), Z 568. — Eine Frist für die einfache Beschwerde besteht nicht.

II. Gegen die Entscheidung des Beschwerdegerichtes ist, soweit nicht in ihr ein neuer selbständiger Beschwerdegrund enthalten ist, eine weitere Beschwerde nicht zulässig, weil duae conformes sententiae vorliegen (Grundsatz der Difformität), Z 568, Abs 2.

1. Entscheidungen der Landgerichte in betreff der Prozesskosten unterliegen einer weiteren Beschwerde nur, wenn die Beschwerdesumme den Betrag von 50 Mark übersteigt, Z 568, Abs. 3.

2. Gegen die Entscheidungen der Oberlandesgerichte über eine Beschwerde ist eine weitere Beschwerde nicht statthaft, Z 568, Abs. 4.

III. Die Beschwerde wird bei dem Gericht eingelegt, von welchem oder von dessen Vorsitzendem die angefochtene Entscheidung erlassen ist (iudex a quo); Beschwerden gegen Entscheidungen der Amts- und Landgerichte können in dringenden Fällen auch bei dem Beschwerdegericht (iudex ad quem) eingelegt werden, Z 569, Abs. 1.

1. Die Einlegung erfolgt durch Einreichung einer Beschwerdeschrift, die Einlegung kann auch durch Erklärung zum Protokolle des Gerichtsschreibers erfolgen, wenn der Rechtsstreit bei einem Amtsgericht anhängig ist oder anhängig war, wenn die Beschwerde das Armenrecht betrifft oder von einem Zeugen oder Sachverständigen erhoben wird. — 2. Richtet sich die Beschwerde in diesen Fällen gegen die Entscheidung eines Oberlandesgerichtes (dessen Beschluss also angefochten wird), so kann die Einlegung nur durch Erklärung zum Protolle des Gerichtsschreibers des Oberlandesgerichtes oder durch Einreichung einer zum Protokolle des Gerichtsschreibers eines Amtsgerichtes erklärten oder von einem Rechtsanwalt unterzeichneten Beschwerdeschrift erfolgen.

1. Die Beschwerde kann auf neue Tatsachen und Beweise gestützt werden, Z 570.

2. Erachtet das Gericht oder der Vorsitzende, dessen Entscheidung angefochten wird (iudex a quo), die Beschwerde für begründet, so haben sie ihr abzuhelfen; anderenfalls ist die Beschwerde vor Ablauf einer Woche dem Beschwerdegerichte vorzulegen, Z 571.

Die Beschwerde hat nur in bestimmten Fällen aufschiebende Wirkung. Dies ist der Fall, wenn sie gegen eine der in Z 109, 380, 390, 409, 619, 656, 678 erwähnten Entscheidungen gerichtet ist. Im übrigen kann das Gericht oder der Vorsitzende, dessen Entscheidung angefochten wird, anordnen, dass die Vollziehung auszusetzen sei. — Das Beschwerdegericht kann vor der Entscheidung eine einstweilige Anordnung erlassen; es kann insbesondere anordnen, dass die Vollziehung der angefochtenen Entscheidung auszusetzen sei, Z 572.

3. Die Entscheidung über die Beschwerde kann ohne vorgängige mündliche Verhandlung erfolgen.

Ordnet das Gericht eine schriftliche Erklärung an, so kann deren Abgabe durch einen Anwalt erfolgen, der bei dem Gerichte zugelassen ist, von welchem oder von dessen Vorsitzendem die angefochtene Entscheidung erlassen ist. In den Fällen, in welchen die Beschwerde zum Protokolle des Gerichtsschreibers eingelegt werden darf, kann auch die Erklärung zum Protokolle des Gerichtsschreibers abgegeben werden, Z 573.

IV. Das Beschwerdegericht hat von Amts wegen zu prüfen, ob die Beschwerde an sich statthaft und ob sie in der gesetzlichen Form und Frist eingelegt sei. Mangelt es an einem dieser Erfordernisse, so ist die Beschwerde als unzulässig zu verwerfen, Z 574, Abs. 1.

Ist gegen die Entscheidung eines Oberlandesgerichtes Beschwerde eingelegt, so steht die Prüfung und Entscheidung über die Zulässigkeit der Beschwerde dem Oberlandesgerichte zu. Wird die Beschwerde von dem Oberlandesgericht als unzulässig verworfen, so kann der Beschwerdeführer binnen einer Woche auf die Entscheidung des Beschwerdegerichts antragen; die Frist ist eine Notfrist und beginnt mit der Zustellung des Beschlusses. In diesem Falle sind die Akten dem Beschwerdegericht zu übersenden, Z 574, Abs. 2.

1. Erachtet das Beschwerdegericht die Beschwerde für begründet, so kann es selbst entscheiden oder demjenigen Gericht oder Vorsitzenden, von welchem die beschwerende Entscheidung erlassen war, die erforderliche Anordnung übertragen, Z 575.

2. Wird die Änderung einer Entscheidung des beauftragten oder ersuchten Richters oder des Gerichtsschreibers verlangt, so ist die Entscheidung des Prozeßgerichtes nachzusuchen. Die Beschwerde findet dann gegen die Entscheidung des Prozeßgerichtes statt, Z 576.

Auch das Reichsgericht kann also mit einer einfachen Beschwerde gegen den ersuchten oder beauftragten Richter befasst werden.

V. Sofortige Beschwerde ist nur in denjenigen Fällen zugelassen, in denen das Gesetz es ausdrücklich bestimmt, Z 577.

1. Die sofortige Beschwerde ist binnen einer Notfrist von zwei Wochen einzulegen, welche mit der Zustellung, bei Ablehnung des Antrages auf Erlassung eines Versäumnisurteiles oder eines Ausschlußurteiles mit der Verkündung beginnt

Richtet sich die Beschwerde gegen die Entscheidung eines Amts- oder Landgerichts, so genügt die Einlegung bei dem Beschwerdegerichte zur Wahrung der Notfrist, auch wenn der Fall nicht für dringlich erachtet wird. Liegen die Erfordernisse der Nichtigkeits- oder Restitutionsklage vor, so kann die Beschwerde auch nach Ablauf der Notfrist innerhalb der für diese Klagen geltenden Notfristen erhoben werden.

2. Das Gericht darf nur in den Fällen, in denen es sich um Festsetzung der Prozeßkosten handelt, seine Entscheidung abändern; zu einer weiteren Änderung ist es nicht befugt.

§ 37. **Die Wiederaufnahme** eines durch rechtskräftiges Endurteil geschlossenen Verfahrens ist ein Rechtsbehelf; sie geschieht durch Nichtigkeitsklage und durch Restitutionsklage.

Gegensätze: die Rechtsmittel richten sich gegen noch nicht rechtskräftige Entscheidungen; die Wiederaufnahme bezweckt die Beseitigung einer res iudicata.

I. Die Nichtigkeitsklage findet in vier Fällen statt:

1. wenn das erkennende Gericht nicht vorschriftsmäßig besetzt war;

2. wenn ein kraft Gesetzes ausgeschlossener Richter mitgewirkt hat, sofern nicht ein hierauf gestütztes Ablehnungsgesuch oder Rechtsmittel erfolglos war,

3. wenn ein erfolgreich abgelehnter Richter mitgewirkt hat;

4 wenn eine Partei im Verfahren nicht vorschriftsmäßig vertreten war, sofern sie nicht die Prozeßführung ausdrücklich oder stillschweigend genehmigt hat. In den Fällen 1 und 3 findet keine Klage statt, wenn ein Rechtsmittel hätte benutzt werden können.

II. Die Restitutionsklage findet in sieben Fällen statt:

1. bei vorsätzlicher oder fahrlässiger Parteieidverletzung,

2. bei Vorbringen einer falschen Urkunde;

3. bei Zeugeneidverletzung, ebenso beim Sachverständigen,

4. wenn das Urteil durch eine strafbare Handlung erwirkt ist,

5. wenn ein Richter eines Amtsdeliktes sich schuldig gemacht hat;

6. bei Aufhebung eines strafgerichtlichen Urteils, auf welches das Urteil gegründet ist;

7. wenn die Partei ein in derselben Sache erlassenes, früher rechtskräftig gewordenes Urteil oder eine andere Urkunde auffindet oder zu benutzen in den Stand gesetzt wird, die eine ihr günstigere Entscheidung herbeigeführt haben würde.

Insbesondere: Z 581—583.

IV Das Verfahren bei der Wiederaufnahme: 1. Ausschließliche Zuständigkeit Z 584 — 2. Verfahren. Z 585—591

5. Kapitel

Besondere Verfahrensarten.

§ 38. Urkunden- und Wechselprozeß: Band 7 16, 17.

§ 39. Familiensachen (Statusklagen) sind die besonderen Verfahrensarten, deren Gegenstand die Feststellung, Begründung, Veränderung oder Aufhebung eines Familienstandes bilden

I. Ehesachen sind Rechtsstreitigkeiten, welche die Scheidung, Nichtigkeit oder Anfechtung einer Ehe oder die Feststellung des Bestehens oder Nichtbestehens einer Ehe zwischen den Parteien oder die Herstellung des ehelichen Lebens zum Gegenstande haben.

1. Ausschließlich zuständig ist das Landgericht, bei welchem der Ehemann seinen allgemeinen Gerichtsstand hat

Bei Ausländern Z 606.

Für den Sühneversuch ist das Amtsgericht, vor welchem der Ehemann (zur Zeit der Antragstellung der klagenden Partei) seinen allgemeinen Gerichtsstand hat, zuständig

2. Allgemeine Grundsätze nach Z 607 - 630

a) In allen Ehesachen ist die Staatsanwaltschaft zur Mitwirkung befugt; insbesondere Z 634.

b) Der Sühneversuch ist obligatorisch bei einer Scheidungsklage oder einer Klage auf Herstellung des ehelichen Lebens; Verfahren: Z 610 und 611 (sine Sühne).

c) Ein in der Geschäftsfähigkeit beschränkter Ehegatte ist in Ehesachen prozeßfähig; der gesetzliche Vertreter ist gemäß Z 612 beschränkt.

d) Der Bevollmächtigte des Klägers bedarf einer Spezialvollmacht; der Mangel der Vollmacht ist von Amts wegen zu berücksichtigen.

e) Begrenzung der Klagegründe und Einschränkung der Klagenverbindung: Z 614—616, 633. — Verfahren: Z 617—630.

3. Nichtigkeitsklage Z 632—637.

II. Filiationsklagen (Kindschaftssachen) sind Rechtsstreitigkeiten, welche die Feststellung des Rechtsverhältnisses zwischen Eltern und Kindern zum Gegenstande haben; nicht hierher gehören die Klagen auf Feststellung des Bestehens oder Nichtbestehens der unehelichen Vaterschaft.

1. Der Bevollmächtigte des Klägers hat eine besondere, von Amts wegen zu prüfende Vollmacht vorzuweisen.

2. Mitwirkung des Staatsanwaltes. — Anerkenntnis ist ohne feststellende Wirkung, ein Versäumnisurteil ist unzulässig. — Das Urteil ist von Amts wegen zuzustellen, eine vorläufige Vollstreckbarkeit ist unzulässig. — Der Tod einer Partei vor der Rechtskraft des Urteils erledigt den Streit in der Hauptsache.

3. Das rechtskräftige Urteil wirkt für und gegen alle, wenn die Rechtskraft bei Lebzeiten beider Parteien eingetreten ist.

4. Ausschließlicher Gerichtsstand ist das Landgericht des allgemeinen Gerichtsstandes des Beklagten.

5. Bei der Feststellungsklage ist die Verhandlungsmaxime beschränkt; erscheint der Kläger nicht, dann ist ein Versäumnisurteil dahin zu erlassen, daß die Klage zurückgenommen ist. Verbot der Verbindung der Klage mit Klagen anderer Art; Verbot der Widerklage anderer Art.

6. Bei der Anfechtungsklage ist die Verhandlungsmaxime beschränkt; von Amts wegen können Beweise zum Zwecke des Nachweises der Unehelichkeit nicht erhoben werden; mit der Anfechtungsklage kann nur die Anfechtungsklage verbunden werden; eine Widerklage ist unzulässig.

III. Entmündigungssachen sind die besonderen Verfahrensarten, die eine Entmündigung wegen Geisteskrankheit oder Geistesschwäche oder wegen Verschwendung oder Trunksucht zum Gegenstande haben.

1. Entmündigung Geisteskranker oder Geistesschwacher: Z 645 bis 679.

2. Entmündigung von Verschwendern oder Trunksüchtigen: Z 680 bis 687

§ 40. **Mahnverfahren** ist eine besondere Verfahrensart, bei der auf ein Gesuch des Gläubigers wegen eines Anspruches auf Zahlung einer bestimmten Geldsumme (oder auf Leistung einer bestimmten Quan=

tität vertretbarer Sachen oder Wertpapiere) ein bedingter Zahlungsbefehl erlassen wird.

Das Mahnverfahren entspricht dem gemeinrechtlichen bedingten Mandatsprozesse, siehe Band S 32.

I. Das Mahnverfahren ist unzulässig, wenn die Leistung von einer Gegenleistung abhängt, oder wenn eine Zustellung im Auslande oder durch öffentliche Bekanntmachung erfolgen soll.

II. Das Mahnverfahren beginnt mit der Erlassung des Zahlungsbefehles.

1. Sachlich ist immer das Amtsgericht zuständig, auch wenn der Antrag eine Forderung über 300 Mark betrifft; — örtlich zuständig ist der allgemeine persönliche Gerichtsstand des Schuldners, der des Berufsaufenthaltes oder der dingliche Gerichtsstand.

2. Das Gesuch muß die genaue Bezeichnung der Parteien, des Gerichtes, das Gesuch um Erlassung des Zahlungsbefehles und die bestimmte Angabe des Betrages oder Gegenstandes und des Grundes des Anspruches enthalten

Vollmacht ist nicht erforderlich beim Antrage auf Erlassung eines Zahlungsbefehles oder bei Einlegung des Widerspruches; dagegen ist Vollmacht für den Antrag auf Vollstreckungsbefehl und bei Einlegung des Einspruches vorgeschrieben.

3. Der Schuldner hat binnen einer Woche den Gläubiger zu befriedigen oder Widerspruch beim Gerichte zu erheben; mit der Zustellung des Zahlungsbefehles treten die Wirkungen der Rechtshängigkeit ein.

4. Folgen des Widerspruches: der Zahlungsbefehl verliert als solcher seine Wirksamkeit, dagegen bleiben die Wirkungen der Rechtshängigkeit bestehen.

a) Gehört die Sache vor das Amtsgericht, so wird die Klage als mit der Zustellung des Zahlungsbefehles beim Amtsgerichte erhoben angesehen; jede Partei kann den Gegner zur mündlichen Verhandlung laden; die Ladungsfrist beträgt mindestens 3 Tage.

b) Gehört die Sache vor das Landgericht, so erlöschen die Wirkungen der Rechtshängigkeit, wenn nicht binnen einer sechsmonatigen Frist, die vom Tage der Benachrichtigung von der Widerspruchserhebung läuft, die Klage beim zuständigen Gerichte erhoben wird.

5. Die Widerspruchsfrist ist keine Notfrist; der Schuldner kann noch bis zum Augenblicke der Vollstreckbarkeitserklärung Widerspruch erheben. Der Gläubiger erhält Nachricht von der Widerspruchserhebung, falls sie rechtzeitig erfolgt; dem Schuldner wird auf Verlangen eine Bescheinigung darüber erteilt.

III. Vollstreckungsbefehl ist die auf den Zahlungsbefehl (und zwar auf die Rückseite des Formulares) gesetzte Erklärung, daß der Zahlungsbefehl vorläufig vollstreckbar ist.

1. Der Vollstreckungsbefehl steht einem vorläufig vollstreckbaren Versäumnisurteile gleich; daher ist gegen den Vollstreckungsbefehl Einspruch binnen einer Notfrist von zwei Wochen zugelassen.

2. Unterlassung des Antrages auf Vollstreckungsbefehl: Z 701.

§ 41. **Aufgebotsverfahren** ist eine besondere Verfahrensart zwecks öffentlicher gerichtlicher Aufforderung zur Anmeldung von Ansprüchen oder Rechten und mit der Wirkung, daß die Unterlassung der Anmeldung einen Rechtsnachteil zur Folge hat

1 Der Antrag kann schriftlich oder zum Protokolle des Gerichtsschreibers gestellt werden.

Die Entscheidung kann ohne vorgängige mündliche Verhandlung erfolgen, Anwaltszwang besteht nicht. — Öffentliche Bekanntmachung Z 948—951, die Aufgebotsfrist zwischen der ersten Einrückung des Aufgebotes (Inhalt Z 947_2) in den deutschen Reichsanzeiger und dem Aufgebotstermine beträgt mindestens sechs Wochen. — Zuständig für das Aufgebotsverfahren ist ausschliesslich das Amtsgericht — Verbindung der Aufgebote (Sammelaufgebot) Z 959.

2. Ausschlußurteil ist jedes im Aufgebotsverfahren ergehende Urteil; es ist mit der Verkündung formell rechtskräftig

a) Das Ausschlußurteil ergeht nur auf Antrag; der Antrag ist in der Sitzung zu stellen, kann auch vor dem Termine schriftlich gestellt oder zu Protokoll des Gerichtsschreibers erklärt werden.

b) Liegt ein Antrag nicht vor, dann ist auf binnen sechs Monaten gestellten Antrag des Antragstellers ein neuer Termin zu bestimmen; für diesen Termin ist eine öffentliche Bekanntmachung nicht erforderlich.

c) Gegen den Beschluß, durch den die Erlassung des Ausschlußurteiles abgelehnt wird, ist sofortige Beschwerde zugelassen.

d) Gegen das Ausschlußurteil ist binnen einer Notfrist von einem Monate die Anfechtungsklage gegeben, siehe Z 957 und 958

3. Arten des Aufgebotsverfahrens.

a) zum Zwecke der Todeserklärung: Z 961—976.

Zuständig ist das Amtsgericht des letzten inländischen Wohnsitzes als sachlich ausschliessliches Gericht, antragsberechtigt sind der gesetzliche Vertreter oder jeder rechtlich Interessierte, öffentliche Bekanntmachung (6 Monate Aufgebotsfrist), das Ausschlussurteil spricht Todeserklärung aus.

Gegen das Ausschlussurteil ist Anfechtungsklage (beim Landgerichte) möglich

α) Anfechtungsgründe formell (Bekanntmachungsmängel) und materiell (zu Unrecht erfolgte Todeserklärung, unrichtige Feststellung des Zeitpunkt des Todes),

β) anfechtungsberechtigt ist jeder an der Aufhebung oder Berichtigung rechtlich Interessierte,

γ) Anfechtungsfrist 1 Monat, diese ist keine Notfrist.

b) zum Zwecke der Ausschließung eines Grundstückseigentümers Z 977—981;

c) zum Zwecke der Ausschließung eines Hypotheken-, Grundschuld- oder Rentenschuldgläubigers: Z 982—987, sowie zum Zwecke der Ausschließung des Berechtigten bei Vormerkung, Vorkaufsrecht, Reallast oder Schiffspfandrecht;

d) zum Zwecke der Ausschließung von Nachlaßgläubigern: Z 989 bis 1000, von Gesamtgutsgläubigern: Z 1001, von Schiffsgläubigern: Z 1002;

e) zum Zwecke der Kraftloserklärung von Urkunden: Z 1003—1023; insbesondere bei Wechseln siehe Band 7.

§ 42. Schiedsrichterliches Verfahren. I. Schiedsvertrag (compromissum) ist die Vereinbarung, daß eine Streitigkeit durch einen oder mehrere Schiedsrichter entschieden werden soll.

1 Ein Schiedsvertrag hat insoweit rechtliche Wirkung, als die Parteien berechtigt sind, über den Gegenstand des Streites einen Vergleich zu schließen.

Ein Schiedsvertrag über künftige Rechtsstreitigkeiten ist ohne Wirkung, wenn er nicht auf ein bestimmtes Rechtsverhältnis und die aus ihm entspringenden Rechtsstreitigkeiten sich bezieht.

Form: Z 1027 – Wegfall des Vertrages: Z 1033.

2. Ernennung der Schiedsrichter. Das Ernennungsrecht bestimmt sich nach dem Vertrage, mangels vertraglicher Bestimmung hat jede Partei einen Schiedsrichter zu bestimmen; receptum arbitri ist der Vertrag, durch den die Partei einen Privatmann zur Ausübung des Schiedsrichteramtes verpflichtet. — Bestellung des Schiedsrichters: Z 1029 bis 1031.

Der Schiedsrichter kann wie ein Richter abgelehnt werden (siehe w. o. Seite 11), ausserdem wegen ungebührlicher Verzögerung (nur der nicht im Vertrage ernannte Schiedsrichter), ferner ohne weiteres Weiber, Minderjährige, Taube, Stumme, Leute mit Ehrverlust.

II. Die Schiedsrichter haben zunächst die Parteien zu hören, das dem Streite zugrunde liegende Sachverhältnis zu ermitteln und sodann den Schiedsspruch zu erlassen.

1. Beweisaufnahme: die Schiedsrichter können freiwillig erscheinende Zeugen und Sachverständige vernehmen; zur Beeidigung dieser oder zur Abnahme des Parteieides sind sie nicht befugt.

2. Richterliche Handlungen werden auf Antrag vom zuständigen Gericht vorgenommen.

3. Schiedsspruch: Z 1038—1040.

III. Eine Vollstreckung aus dem Schiedsspruche kann nur durch das Gericht angeordnet werden.

1 Vollstreckungsurteil: Band 10.

2. Gegen den Schiedsspruch ist die Klage auf Aufhebung zugelassen: a) wenn das Verfahren unzulässig war; b) wenn der Schiedsspruch eine Partei zu einer verbotenen Handlung verurteilt; c) wenn die Partei nicht vorschriftsmäßig vertreten war, sofern sie nicht die Prozeßführung genehmigt hat, d) wenn der Partei das rechtliche Gehör nicht gewährt war, e) wenn der Schiedsspruch nicht mit Gründen versehen ist; f) wenn die ersten sechs Restitutionsgründe (w. o. Seite 45) vorliegen, Z 1041.

Nach Erlass des Vollstreckungsurteils nur wegen f und innerhalb der Notfrist eines Monates, Z 1043.

3. Ausschlußfrist: die Aufhebungsklage kann nur innerhalb von zehn Jahren seit Rechtskraft des Vollstreckungsurteiles erhoben werden.

Grundriß

des

gesamten deutschen Rechtes

in Einzelausgaben

von

Dr. iur. Paul Posener,

Rechtsanwalt in Berlin.

9. Band.

Reichszivilprozeß.

3. und 4. Auflage.

Nachtrag.

Berlin 1910.

J. Guttentag, Verlagsbuchhandlung,

G. m. b. H.

Druck von A. W. Hayn's Erben (Curt Gerber), Potsdam

Seite 4: Abänderungen durch das **Gesetz**, betreffend die Zuständigkeit des Reichsgerichtes vom 22. Mai 1910, in Kraft seit dem 1 Juni 1910.

Seite 5: Offizialmaxime im Amtsgerichtsprozesse und bei Zustellung der Berufungs- und Revisionsschrift.

Seite 7, V 3b: Für die Revisionsgründe Z 554, Abs. 6.

Seite 9, Zeile 2: die Wahl; siehe auch Z 505, Abs. 1, Satz 2.

Seite 14, vor II: Für die Beschwerde ist der **Anwaltszwang** nach verschiedenen Richtungen eingeschränkt:

a) Die einfache Beschwerde wird beim Gerichte, welches entschied, — in dringenden Fällen beim Beschwerdegerichte eingelegt.

Die Einlegung geschieht durch Einreichung einer Beschwerdeschrift, und zwar beim Amtsgerichte durch jedermann, beim Landgerichte oder Oberlandesgerichte nur durch einen dort zugelassenen Rechtsanwalt.

Ausnahme: Die Einlegung darf in drei Fällen zu Protokoll des Gerichtsschreibers (also kein Anwaltszwang) erfolgen, wenn:

1. der Rechtsstreit beim Amtsgerichte anhängig ist oder war,
2. die Beschwerde das Armenrecht betrifft,
3. die Beschwerde von einem Zeugen oder Sachverständigen erhoben wird.

b) Die sofortige Beschwerde wird beim Gerichte, welches entschied, — ferner beim Beschwerdegerichte (auch wenn Dringlichkeit nicht vorliegt) eingelegt, Z 577.

Für die sofortige Beschwerde und die weitere sofortige Beschwerde bei **Ablehnung** eines Richters besteht Anwaltszwang nicht.

Seite 16, II 2: Z 68.

Seite 17, Zeile 3 **Forderungsprätendentenstreit:**

1. Der Gläubiger verklagt den Schuldner; der Schuldner verkündet einem Dritten, der die geltendgemachte Forderung für sich in Anspruch nimmt, den Streit. Der Dritte tritt nunmehr in den Streit ein.

2. Darauf **hinterlegt** der Beklagte den Betrag der Forderung zugunsten der streitenden Gläubiger unter Verzicht auf die Rücknahme. — Der Beklagte ist nun auf seinen Antrag aus dem Rechtsstreite zu entlassen; er hat nur diejenigen Kosten zu tragen, welche durch seinen unbegründeten Widerspruch veranlaßt sind.

3. Der Rechtsstreit über die Berechtigung an der Forderung wird zwischen den streitenden Gläubigern allein fortgesetzt; dem Obsiegenden wird der hinterlegte Betrag zugesprochen. Der Unterliegende hat außer den Kosten des Rechtsstreites auch die dem Beklagten (nicht durch unbegründeten Widerspruch w. o. Nr. 1) entstandenen Kosten (einschließlich derjenigen der Hinterlegung) zu tragen.

Seite 17, I 3: **Rechtsanwaltsordnung**, abgeändert durch Gesetz vom 22. Mai 1910.

Seite 18, Zeile 4: **Ehrengerichtshof,** aus zwei Senaten bestehend, je ein Präsident bzw. Senatspräsident und je drei Reichsgerichtsräte und je drei Rechtsanwälte am Reichsgerichte.

Seite 18, letzte Zeile: Auch ohne diese Voraussetzung kann der Vortrag einem **Zessionar** untersagt werden, der das mündliche Verhandeln vor Gericht geschäftsmäßig betreibt, und dem nach der Überzeugung des Gerichtes der Anspruch nur abgetreten ist, um seine Zurückweisung als Winkelkonsulent zu vermeiden.

Seite 19, Zeile 15: Die Justizverwaltung soll für Gerichte, bei denen zur Vertretung der Parteien durch Rechtsanwälte ausreichende Gelegenheit geboten ist, Prozeßagenten **nicht** zulassen, Z 157, Abs. 4, Satz 2

Seite 19, zu § 19: Z 97, Abs. 3 gemäß Gesetz vom 22. Mai 1910 600 M.

Der **Kostenfestsetzungsbeschluß** ist beim Gerichtsschreiber erster Instanz zu beantragen, Z 103. Die Entscheidung über das Festsetzungsgesuch, dessen Ansätze glaubhaft zu machen sind, erfolgt durch den Gerichtsschreiber, Z 104; sie ist den Parteien von Amts wegen zuzustellen (und zwar dem Gegner des Antragstellers unter Beifügung der Abschrift der Kostenberechnung).

1. **Erinnerungen** gegen den Festsetzungsbeschluß des Gerichtsschreibers sind binnen einer Notfrist von zwei Wochen seit Zustellung des Beschlusses zu erheben. Über diese Erinnerungen entscheidet das Gericht, dessen Gerichtsschreiber den Beschluß erlassen hat, auch ohne mündliche Verhandlung.

2. Gegen die Entscheidung des Gerichtes findet sofortige Beschwerde statt.

Wird der Kostenfestsetzungsbeschluss **abgekürzt** auf das Urteil gesetzt, dann ist eine Vollstreckungsklausel nicht erforderlich.

3. Der Kostenschuldner, d h. der Gegner der die Festsetzung beantragenden Partei, kann die Einstellung der Zwangsvollstreckung verlangen, Z 102, Abs. 2.

4 Die Vollstreckung des Kostenbeschlusses ist **drei Tage** nach der Zustellung zulässig.

Seite 22, zu § 24: Z 179 ist durch Gesetz vom 1. Juni 1909 gestrichen worden.

Seite 23, zu § 24 II: Der **Schriftsatz,** durch den ein Rechtsmittel eingelegt wird, ist dem Prozeßbevollmächtigten derjenigen Instanz, deren Entscheidung angefochten wird, — in Ermangelung eines solchen dem Prozeßbevollmächtigten erster Instanz zuzustellen.

Ist von der Partei bereits ein Prozessbevollmächtigter für die **höhere Instanz** bestellt, so kann auch an diesen zugestellt werden.

Ist kein Prozessbevollmächtigter als Zustellungsempfänger vorhanden oder sein Aufenthalt unbekannt, so wird zugestellt:

a) an einen Zustellungsbevollmächtigten der Partei, auch wenn er nur für die erste Instanz bestellt war,

b) in Ermangelung dessen: an die Partei selbst (und zwar genügt Aufgabe zur Post in dem Falle, dass die Partei einen Zustellungsbevollmächtigten bestellen sollte, aber nicht bestellt hat).

Seite 23, zu § 25 I 1: Die **Ladung** des Gegners im Kollegialprozesse ist Sache der Partei; dagegen wird im Amtsgerichtsprozesse durch das Gericht geladen.

Seite 24, III 3: Es gibt zehn Notfristen:

A. **Zwei von einer Woche:** 1 Versäumung des Schwurtermines (unverändert); — 2. Einspruch gegen das amtsgerichtliche Versäumnisurteil, Z 508, Abs. 2, und Einspruch gegen den Vollstreckungsbefehl im Mahnverfahren (ohne Rücksicht auf die Höhe), Z 700, Satz 2.

Die Beschwerde gegen den Unzulässigkeitsbeschluss (bisher A 2) ist durch Gesetz vom 22. Mai 1910 beseitigt worden.

B. **Drei von zwei Wochen:** 1. Einspruch gegen ein Versäumnisurteil beim Kollegialgerichte; - 2. sofortige Beschwerde; — 3. Erinnerungen gegen den Kostenfestsetzungsbeschluß des Gerichtsschreibers.

C. **Fünf von einem Monate** (unverändert).

Seite 25, Zeile 1: an der Einhaltung der Notfrist oder der Revisionsbegründungsfrist, Gesetz vom 22. Mai 1910.

Seite 25, letzte Zeile Auch im amtsgerichtlichen Verfahren tritt bei Nichterscheinen beider Parteien **Ruhen** ein, bis die Ansetzung eines neuen Verhandlungstermines beantragt wird, Z 503

Seite 26, § 28, Zeile 6: Dagegen wird beim Amtsgerichte die Klage von Amtswegen zugestellt.

Seite 30, VIII: Die Anträge müssen **verlesen** werden; die Verlesung kann durch eine Bezugnahme auf die die Anträge enthaltenden Schriftsätze ersetzt werden, soweit das Gericht es für ausreichend erachtet, Z 297.

Seite 30, IX: Vorbereitendes Verfahren ist im Amtsgerichtsprozesse nicht zulässig, Z 507.

Seite 31, II 3: Bei der **Wiedereinsetzung** in den vorigen Stand ist nur erforderlich, daß in dem Antrage die Mittel für die Glaubhaftmachung angegeben werden, Z 236, Nr. 2; — die Beibringung von Urkunden kann also auch später erfolgen.

Seite 36, I 1: Die geschehene Ladung wird im Amtsgerichtsprozesse von Amtswegen festgestellt. — I 3: Im Amtsgerichtsprozesse wird die erfolgte Zustellung von Amtswegen festgestellt. — II: Der Einspruch gegen das Versäumnisurteil kann bereits nach der Verkündung eingelegt werden; dagegen läuft die Einspruchsfrist von der Zustellung des Versäumnisurteils an. — II 1: Die Einlegung des Einspruches geschieht durch Einreichung der Einspruchsschrift, und zwar stets ohne Ladung.

Seite 39, 7: Der Zeuge wird **nach** seiner Vernehmung beeidigt; — die Parteien können auf die Beeidigung verzichten.

Seite 41, § 33: Der **Amtsgerichtsprozeß** ist durch die Novelle in seinen wesentlichen Teilen neu geordnet worden.

I. Grundsätzlich ist das Verfahren das Gleiche wie vor den Landgerichten, soweit nicht:

1. aus den allgemeinen Bestimmungen der Z,
2. aus den besonderen Bestimmungen in Z 496—510c,
3. aus der Verfassung der Amtsgerichte

Abweichungen sich ergeben.

II. Die **Zustellungen** erfolgen von Amtswegen, Z 496, Abs. 1.

Ausnahme Die Zustellung der Urteile erfolgt auf Betreiben der Parteien, Z 317, Abs. 1, — wenn jedoch die Partei auf der eingereichten Klageschrift nicht einen entsprechenden Vermerk macht („Zustellung des Urteils besorge ich selbst"), so wird die Zustellung des Urteils durch den Gerichtsschreiber vermittelt.

1 Die **Klage** sowie sonstige Anträge und Erklärungen einer Partei sind — im Falle der Notwendigkeit einer Zustellung — bei Gericht schriftlich (nebst den erforderlichen Abschriften) einzureichen oder mündlich zu Protokoll des Gerichtsschreibers anzubringen, Z 496, Abs. 2

Die Klage ist in **drei** Exemplaren einzureichen, und zwar: die Urschrift fürs Gericht, die beglaubigte Abschrift für den Beklagten, das dritte Exemplar für die abgekürzte Urteilsausfertigung (w u Nr 5).

2. Dient die Zustellung einer **Fristwahrung** oder der **Unterbrechung der Verjährung,** so tritt diese Wirkung — falls die Zustellung richtig

erfolgt – schon mit der Einreichung oder Anbringung des Antrages oder der Erklärung ein, Z 496, Abs 3.

3. Die Zustellung an den **Anwalt** ist stets genügend, der Nachweis wird durch ein datiertes, unterschriebenes Empfangsbekenntnis des Anwalts erbracht, Z 496, Abs. 4.

4. Das Gericht kann bestimmen, daß Anträge und Erklärungen ohne besondere Form mitgeteilt werden, Z 496, Abs. 5.

5. Die Urteile werden unter Weglassung des Tatbestandes und der Entscheidungsgründe **ausgefertigt;** jedoch kann die Partei ein anderes beantragen, Z 496, Abs. 6

Die Zustellung der kurzen Urteilsausfertigung wirkt genau so wie die der vollständigen.

III. Der **Prozeßbetrieb** liegt vollständig in der Hand des Gerichtes.

Nur im Falle des **Ruhens** muss die Ansetzung eines neuen Termines beantragt werden, Z 503.

1. **Ladungen** durch die Parteien finden **nicht** statt, Z 497, Abs. 1, Satz 1

Dies gilt z. B. auch für Sühnetermine in Ehesachen.

2 Die **Termine** werden von Amtswegen **bestimmt;** nach der Bestimmung des Termines ist die Ladung der Parteien durch den Gerichtsschreiber zu veranlassen.

Die Ladung der Partei ist **nicht** erforderlich, wenn der Termin der Partei bei Einreichung oder Anbringung der Klage oder des die Terminsbestimmung veranlassenden Antrages mitgeteilt worden ist (über diese Mitteilung Aktenvermerk), Z 497, Abs. 2.

Ist **Publikationstermin** (d. h. Termin zur Verkündung einer Entscheidung) angesetzt, und wird lediglich ein neuer Termin publiziert, so kann dies richtiger Ansicht nach **nicht** als verkündeter Termin angesehen werden, wenn die Partei, wie allgemein üblich, im Publikationstermine nicht erscheint. Dieses Nichterscheinen ist keine Säumnis.

3. Dem Beklagten ist mit der Ladung die Klageschrift (bzw. das Klageprotokoll) zuzustellen, Z 498, Abs 1.

4 Die Klage **gilt** erst mit der Zustellung **als erhoben,** Z 498, Abs. 2.

Ausnahme w o. II 2, Z 496, Abs 3

5. Die **Einlassungsfrist** beträgt mindestens **drei Tage** am Sitze oder im Bezirke des Prozeßgerichtes, – mindestens **eine Woche** sonst im Inlande, – in Meß- und Marktsachen mindestens **24 Stunden,** – im Auslande nach Bestimmung des Gerichtes Z 499

6 An **ordentlichen Gerichtstagen** können die Parteien zur Verhandlung des Rechtsstreites ohne Terminsbestimmung vor Gericht erscheinen Die Klageerhebung erfolgt durch mündlichen Vortrag. Die Klage ist nur dann zu Protokoll zu nehmen, falls die Sache streitig bleibt, Z 500.

IV. Stärkeres Hervortreten der **Gerichtstätigkeit.**

1. Der Termin ist von Amtswegen durch Ladung von Zeugen und Sachverständigen, Herbeischaffung von Urkunden usw. **vorzubereiten,** Z 501

2. **Instruktionsmaxime:** das Gericht erörtert das Sach- und Streitverhältnis mit den Parteien, Z 502, Abs. 1

3. Eine Bezugnahme auf Schriftstücke ist **zulässig,** soweit keine Partei widerspricht und das Gericht sie für angemessen hält, Z 502, Abs. 2.

V. **Prozeßhindernde Einreden** unterliegen nicht vollständig der Eventualmaxime (Band 9 7), Z 504.

1. Die Einrede der Unzuständigkeit und des Schiedsgerichtes sind **vor** der Verhandlung zur Hauptsache geltendzumachen, Z 504, Abs. 1

Ist das Amtsgericht **sachlich unzuständig**, so hat es vor der Verhandlung des Beklagten zur Hauptsache ihn auf die Unzuständigkeit aufmerksam zu machen, Z 504, Abs. 2.

2. Auf Grund prozeßhindernder Einreden darf die Verhandlung zur Hauptsache **nicht** verweigert werden; das Amtsgericht kann jedoch die abgesonderte Verhandlung über diese Einreden anordnen, Z 504, Abs 3.

3. Ist das Amtsgericht **unzuständig,** so hat es auf Antrag des Klägers dies durch Beschluß zu erklären und den Rechtsstreit an das zuständige Gericht zu verweisen, Z 505, Abs. 1; es findet also **Verweisung** statt, nicht mehr (wie bisher) Abweisung. — Mit der Verkündung des Beschlusses ist der Rechtsstreit bei dem anderen Gerichte **anhängig**, der Beschluß ist für dieses Gericht **bindend,** Z 505, Abs. 2

Das Entsprechende gilt in dem Falle, dass infolge einer Widerklage oder infolge Erweiterung des Klageantrages oder infolge einer Inzidentfeststellungsklage das Amtsgericht nicht mehr zuständig ist, Z 506.

VI. **Abweichungen** gegenüber dem Normalverfahren selbst.

1. Eine **Verlesung** der Anträge ist nicht vorgeschrieben, Z 507.

2. Ein vorbereitendes Verfahren in Rechnungssachen findet nicht statt, Z 507

3. Im **Versäumnisverfahren** hat der Gerichtsschreiber die Zustellung des Versäumnisurteils zu vermitteln, falls nicht die Partei etwas anderes („Ich stelle das Urteil selbst zu") erklärt, Z 508, Abs. 1.

Die Einspruchsfrist beträgt **eine** Woche, Z 508, Abs. 2 — Der Einspruch kann aber schon vor der Zustellung des Versäumnisurteils eingelegt werden.

Wird der Einspruch nicht für zulässig erklärt, so kann eine Unzuständigkeitserklärung (w o. V 3 und 4) **nicht** erfolgen.

4. **Beschleunigung** der Beweisaufnahme, Z 509.

5. Wegen **unterbliebener Erklärung** ist eine Urkunde nur dann als anerkannt anzusehen, wenn die Partei durch das Gericht zur Erklärung über die Echtheit der Urkunde **aufgefordert** worden ist, Z 510

Vergleiche dagegen den allgemein geltenden Z 455 über die Eideszuschiebung.

6. Anträge sowie Erklärungen über Annahme oder Zurückschiebung zugeschobener Eide sind durch das **Sitzungsprotokoll** festzustellen; es genügt Bezugnahme auf vorbereitende Schriftsätze, Z 510a, Abs 1.

7 Geständnisse und andere Erklärungen sind **protokollarisch** insoweit festzustellen, als das Gericht bei Schluß der mündlichen Verhandlung die Feststellung für angemessen erachtet, Z 510a, Abs 2.

8. Bei Verurteilung zur **Vornahme einer Handlung** kann der Beklagte für den Fall der Nichtvornahme auf Antrag des Klägers zur Zahlung einer nach freiem Ermessen vom Gerichte festzusetzenden Entschädigung verurteilt werden, Z 510b.

Antrag den Beklagten zu verurteilen, innerhalb von zwei Wochen die Ziehharmonika zu reparieren, im Falle der Nichtvornahme der Reparatur aber an den Kläger 17 M. zu zahlen.

VII Klageerhebung im **Sühnetermine.**

1 Der Kläger gibt beim Amtsgerichte des allgemeinen Gerichtsstandes des Beklagten den **Gegenstand seines Anspruches** an und beantragt Terminsbestimmung zum Zwecke des Sühneversuches, Z 510c, Abs. 1

2 Wenn **beide Parteien erscheinen** und:

a) ein Vergleich geschlossen wird, so ist dies protokollarisch festzustellen,

b) nicht verglichen wird, so ist auf Antrag beider Parteien der Rechtsstreit sofort zu verhandeln

Die **Klageerhebung** erfolgt durch mündlichen Vortrag Bleibt die Sache streitig, so ist die Klage zu Protokoll zu nehmen, Z 510c, Abs. 2.

3. **Erscheint der Gegner nicht,** oder bleibt der Sühneversuch **erfolglos,** so werden die Kosten als ein Teil der Kosten des weiteren Rechtsstreites behandelt, Z 510c, Abs. 3.

Seite 42, zu § 34, 2: Die Einlegung der **Berufung** geschieht durch Einreichung der Berufungsschrift beim Berufungsgerichte; **Ladung** erfolgt durch das Berufungsgericht.

Seite 42, § 35: Die Zulässigkeit der **Revision** in vermögensrechtlichen Streitigkeiten ist durch einen den Betrag von 4000 **M.** übersteigenden Wert des Beschwerdegegenstandes bedingt, Z 546, Abs. 1 (Gesetz vom 22 Mai 1910). — Die **Neuerungen** der Novelle sind im wesentlichen folgende:

I. Gegen Urteile, durch welche über die Anordnung, Abänderung oder Aufhebung eines **Arrestes** oder einer einstweiligen Verfügung entschieden wird, ist die Revision nicht zulässig, Z 545, Abs 2.

II **Ohne Rücksicht auf den Wert** ist die Revision zugelassen:

1. in bezug auf die Unzulässigkeit des Rechtsweges oder die Unzulässigkeit der Berufung;

Dagegen kann die Revision nicht mehr auf die sachliche Unzuständigkeit des Gerichtes gestützt werden.

2. bei Ansprüchen, für welche das Landgericht ohne Rücksicht auf den Wert ausschließlich zuständig ist, Z 547.

III. Die Revisionsbegründung **muß** enthalten:

1. die **Erklärung**, inwieweit das Urteil angefochten und dessen Aufhebung beantragt werde (**Revisionsanträge**);

2. die Angabe der **Revisionsgründe**, und zwar:

a) die Bezeichnung der verletzten Rechtsnorm,

b) insoweit die Revision darauf gestützt wird, daß das Gesetz in bezug auf das Verfahren verletzt sei, die Bezeichnung der Tatsachen, welche den Mangel ergeben, Z 554, Abs. 3.

Die Frist für die Revisionsbegründung kann vom Vorsitzenden (nicht durch Parteivereinbarung) verlängert werden, Z 554, Abs. 2. — Wiedereinsetzung in den vorigen Stand (Band **9** 25) ist gegeben, obwohl die Begründungsfrist nicht eine Notfrist ist.

IV. Sofern nicht dem Revisionskläger das Armenrecht bewilligt ist oder Gebührenfreiheit zusteht, hat der Vorsitzende eine **Frist** zu bestimmen, innerhalb deren der Revisionskläger den Nachweis zu erbringen hat, daß er den für die Revisionsinstanz von ihm erforderten **Gebührenvorschuß** (GKG § 81) gezahlt hat, Z 554, Abs. 7.

Wird der Nachweis nicht vor dem Ablaufe der Frist erbracht, **so gilt** die Revision **als nicht** in gesetzlicher Form **begründet.**

Hat der Revisionskläger die Bewilligung des Armenrechtes vor Ablauf der Frist beantragt, so wird der Lauf der Frist bis zur Zustellung des auf dieses Gesuch ergehenden Beschlusses **gehemmt.**

V Der Beurteilung des Revisionsgerichtes unterliegt **nur** dasjenige mündliche Parteivorbringen, welches aus dem **Tatbestande** des Berufungsurteils oder dem **Sitzungsprotokoll** ersichtlich ist; außerdem können nur die in Z 554, Abs. 3 Nr. 2b (w. o. III 2b) erwähnten Tatsachen berücksichtigt werden, Z 561.

Hat das Berufungsgericht festgestellt, dass eine tatsächliche Behauptung wahr oder nicht wahr sei, so ist diese Feststellung für das Revisionsgericht **bindend,** es sei denn, dass in bezug auf sie ein zulässiger und begründeter Revisionsangriff erhoben ist.

Seite 42, § 36: Beschwerden an das **Reichsgericht** sind nicht mehr zulässig, G 135, Z 567, Abs. 2.

Seite 43, Zeile 1: Zu streichen: „in betreff der Prozeßkosten erlassenen" (Gesetz vom 22. Mai 1910)

Seite 43, II: Die Nr. 2 ist zu streichen.

Seite 43, III: In Zeile 3 sind die Worte „Beschwerden gegen Entscheidungen der Amts- und Landgerichte können" zu ersetzen durch „sie kann"; ferner ist Nr. 2 ganz zu streichen.

Seite 44: Die Anmerkung zu IV (vor Nr. 1) ist zu streichen; — zu Nr. 2, Satz 1 ist zu bemerken, daß dies auch für das Reichsgericht und die Oberlandesgerichte gilt, Z 576, Abs. 3

Seite 44, V 1: Die Einlegung bei dem Beschwerdegerichte **genügt** zur Wahrung der Notfrist, auch wenn der Fall für dringlich nicht erachtet wird, Z 577, Abs. 2, Satz 2.

Der erste Satz der nun folgenden Anmerkung ist zu streichen.

Nr. 2 lautet: Das Gericht ist zu einer Änderung seiner der Beschwerde unterliegenden Entscheidung **nicht** befugt, Z 577, Abs 3.

Seite 47, II 1 lautet: **Zuständig** für das Mahnverfahren ist das Amtsgericht, welches für die im ordentlichen Verfahren erhobene Klage zuständig sein würde, wenn die Amtsgerichte in erster Instanz sachlich unbeschränkt zuständig wären, Z 689 (Ausdehnung auf alle Gerichtsstände).

Seite 47, II zu Nr 2: Die **Zustellung** des Zahlungsbefehls an den Schuldner erfolgt von Amtswegen, Z 693, Abs. 1. — Soll durch die Zustellung eine Frist gewahrt oder die Verjährung unterbrochen werden, so tritt die Wirkung, wenn die Zustellung demnächst erfolgt, **bereits mit der Einreichung** oder Anbringung des Gesuches um Erlassung des Zahlungsbefehles ein, Z 693, Abs. 3.

Der Gerichtsschreiber hat den Gläubiger von der **Zustellung** des Zahlungsbefehles zu benachrichtigen, Z 693, Abs. 4.

Seite 47, II Nr. 4: Die Anmerkungen unter a und b sind durch Folgendes zu ersetzen: **Im Falle rechtzeitigen Widerspruches** ist die Klage beim Amtsgerichte als mit der Zustellung des Zahlungsbefehles **erhoben** anzusehen, Z 696, Abs. 1 — **Termin** zur mündlichen Verhandlung ist nur auf Antrag einer Partei zu bestimmen; dies kann schon im Gesuche um Erlassung des Zahlungsbefehles beantragt werden (Ladungsfrist mindestens 3 Tage), Z 696, Abs 2; — zu diesem Antrage ist Vollmacht erforderlich.

Zur Herstellung der abgekürzten Ausfertigung dient der Zahlungsbefehl (anstelle einer Klageschrift), Z 696, Abs. 3.

Gehört der Anspruch zur Zuständigkeit der Landgerichte, so hat das Amtsgericht, wenn eine Partei vor der Verhandlung zur Hauptsache es beantragt, sich durch Beschluß für **unzuständig** zu erklären und den Rechtsstreit an das Landgericht zu verweisen, Z 697, Abs. 1.

Dieser Antrag kann mit dem Gesuche oder dem Widerspruche verbunden werden es findet keine mündliche Verhandlung statt, Z 697, Abs. 2 — Für diesen Antrag ist die Vollmacht von Amtswegen zu prüfen.

Die Frist von **sechs Monaten** (Erlöschen der Rechtshängigkeit) ist gestrichen.

Nach Verweisung ans Landgericht ist Ladung seitens der Partei zu bewirken, — beim Amtsgerichte besteht dagegen Offizialbetrieb.

Seite 47, III Der Vollstreckungsbefehl wird **vom Gerichtsschreiber** erteilt, Z 699

Die **Zustellung** des Vollstreckungsbefehles erfolgt auf Betreiben des Gläubigers, Z 699, Abs 1; wenn der Gläubiger nichts vermerkt („Ich stelle den Vollstreckungsbefehl selbst zu"), vermittelt der Gerichtsschreiber die Zustellung.

Gegen den Vollstreckungsbefehl ist **Einspruch** binnen einer Notfrist von einer Woche gegeben.

Lehnt der Gerichtsschreiber die Erlassung des Vollstreckungsbefehles **ab**, dann hat er die Sache dem Amtsrichter vorzulegen, event. ist sofortige Beschwerde gegeben.

Auf Grund eines Vollstreckungsbefehles über 300 M. ist eine **Sicherungshypothek** zulässig

FSC
www.fsc.org
MIX
Papier | Fördert
gute Waldnutzung
FSC® C083411

Kolibri 360 GmbH
Ferdinand-Jühlke-Straße 7
99095 Erfurt, Deutschland
produktsicherheit@kolibri360.de